纯电动汽车结构与原理

主　编　周华英　陈晓宝
副主编　张之超　郭三华　王万君
参　编　唐国锋　冯金瑞　于红花

北京理工大学出版社
BEIJING INSTITUTE OF TECHNOLOGY PRESS

图书在版编目（CIP）数据

纯电动汽车结构与原理 / 周华英，陈晓宝主编. --
北京 ：北京理工大学出版社，2016.8（2024.8 重印）
ISBN 978-7-5682-2838-1

Ⅰ. ①纯… Ⅱ. ①周… ②陈… Ⅲ. ①电动汽车–高
等学校–教材 Ⅳ. ①U469.72

中国版本图书馆 CIP 数据核字（2016）第 195938 号

责任编辑：孟雯雯   文案编辑：多海鹏
责任校对：周瑞红   责任印制：李志强

出版发行 / 北京理工大学出版社有限责任公司
社   址 / 北京市丰台区四合庄路 6 号
邮   编 / 100070
电   话 /（010）68914026（教材售后服务热线）
            （010）68944437（课件资源服务热线）
网   址 / http://www.bitpress.com.cn

版 印 次 / 2024 年 8 月第 1 版第 8 次印刷
印   刷 / 廊坊市印艺阁数字科技有限公司
开   本 / 787 mm×1092 mm   1/16
印   张 / 6.5
字   数 / 150 千字
定   价 / 26.00 元

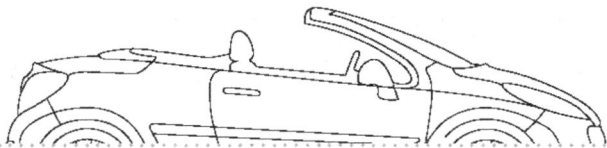

前 言
PREFACE

随着燃油供求矛盾和环境污染问题的日益突出，加快发展节能与新能源汽车已经成为国际汽车产业实现可持续发展的必然选择。我国新能源汽车经过近 10 年的研究开发和示范运行，基本具备了产业化发展基础，电池、电机、电子控制和系统集成等关键技术取得了重大进步，纯电动汽车和插电式混合动力汽车开始规模化投放市场。由于新能源汽车在结构原理以及工作方式上和传统汽柴油汽车有较大的区别，保养和维护对技术人员的知识结构有了新的要求，而目前全国范围内的大专院校还没有几所专门针对新能源汽车技术来开设专业，未来新能源汽车在进行保养和维修时将会面临专业技术人员严重缺乏的情况，因此，作为承担为社会培养应用型技术专业人才的职业院校，有必要找准汽车工程的发展方向，积极研究和探索新能源汽车技术并完成相关专业的建设，以满足未来社会对人才的需求。

新能源专业的建设尚在摸索阶段，新能源汽车专业相关的书籍更是非常少，专门针对纯电动汽车的书籍是少之又少，市面上其他教材几乎都是针对所有的电动汽车而没有具体讲纯电动汽车的，大部分教材仅对纯电动汽车的核心部分进行了介绍，对与传统汽车相同或相似的部分进行了删减，忽视了汽车初学者的需求。本书则符合人们对汽车的归类或叙述习惯，系统地将纯电动汽车从整体到局部进行了具体介绍；本书针对高职高专学生，结合学生特点，本着"够用"的原则，对纯电动汽车进行讲解，用于纯电动汽车的基础教育。学生在学完新能源汽车概论之后对新能源汽车有了一定的了解，继而系统地深入学习纯电动汽车结构与原理以及之后的混合动力汽车结构与原理，而已经出版的教材几乎都是针对本科生、研究生，没有适用于高职高专这一群体的。本书语言通俗易懂，内容基础翔实，适合于汽车类专业学生或相关技术人员阅读。

本书共分七章：第一章为绪论，介绍了纯电动汽车的定义及组成、纯电动汽车的发展、纯电动汽车高压安全；第二章为车载电源模块，介绍了蓄电池电源及动力电池管理系统；第三章为电力驱动模块，包括整车控制器、电动机及电机控制器、电能变换器以及机械传动装置；第四章为辅助系统，包括电动汽车空调系统、电动汽车转向系统、电动汽车制动系统及电动汽车冷却系统；第五章为底盘及车身模块；第六章为纯电动汽车的充电，介绍了纯电动汽车的充电模式、充电接口和充电设施；第七章分别对典型的纯电动汽车北汽新能源 EV200和比亚迪 E6 进行了介绍。

本书由周华英、陈晓宝主编，张之超、郭三华、王万君任副主编。参与本书编写的还有唐国锋、冯金瑞、于红花，学生孟令维、赵曰邦也参与了资料的整理，在此对他们所付出的努力深表感谢。

本书引用了大量的网上资料、培训机构提供的资料和其他同类著作的部分材料，对书中所引参考文献的作者，以及由于疏漏而没有列入参考文献的作者致以衷心的感谢！

由于编者学识有限，书中不妥或错误之处在所难免，恳请读者提出宝贵建议，以便修订时予以纠正。

编　者

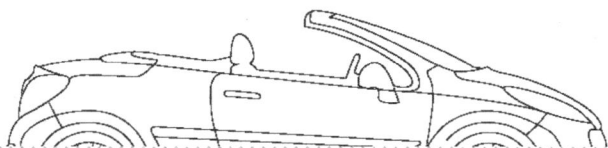

目 录
CONTENTS

目
录

1

第三章
电力驱动模块

第四章
辅 助 系 统

第五章
底盘及车身模块

第六章
纯电动汽车的充电

第七章
典型的纯电动汽车介绍

第一章

本章学习目标

◆ 熟悉纯电动汽车的结构组成

◆ 熟悉纯电动汽车电气安全的必要性

◆ 了解纯电动汽车发展现状

导读

由中国新能源产业发展联合会、北京大学价值经济研究中心、中能东道集团主办的"华南通路协同发展峰会"于 2016 年 4 月 23 日至 25 日在深圳举行。会上，由中能东道集团自主研发的一次续航行驶 500 公里的"U 能"电动汽车首次亮相深圳。据介绍，"U 能"是中国首款续航超过 500 公里的纯电动车。记者现场了解到，"U 能"纯电动车造型上为 SUV，分为三个型号，其中 EV500 车型一次充电可行驶 500 公里。

1.1 纯电动汽车的定义及基本组成

1.1.1 定义

纯电动汽车就定义来说是单纯用蓄电池作为驱动能源的汽车，它利用动力电池作为储能动力源，通过电池向电机提供电能，驱动电机运转，能量由电缆传递，从而推动汽车前进，它是涉及机械、动力学、电化学、电机学、微电子与计算机控制等多种学科的高科技产品。其最大特点就是在行驶过程中零排放、零污染、噪声小、结构简单、维修方便，同时有规模、系统地发展纯动汽车可以有效平抑城市电网的峰谷差，效益可观。各国对纯电动汽车的发展研究投入巨大，纯电动汽车的相关技术和研发理念也日新月异，在现代电力电子技术发展下，其已经形成了自己独特的特点。

（1）对现代社会而言，纯电动汽车不仅是一辆车，而且是实现清洁、高效道路运输的一种全新的系统。

（2）电动汽车系统是一个便于和现代交通网络结合的智能系统，电动汽车的设计是工程和艺术的结合。

（3）必须重新定义纯电动汽车的工作条件和工况循环。

（4）必须对用户对于纯电动汽车的期望进行调研，这样就能对用户进行适当的纯电动汽车知识的培训。

现代高性能纯电动汽车应当根据其特点进行专门的设计制造，这种专门设计制造的电动汽车不应受传统内燃机汽车结构所束缚，应根据纯电动汽车能量不富裕的特点，充分发挥电机驱动的优势，利用当今电子控制与新材料等技术，并按车辆动力学和实际使用路况的要求，提高其性价比方面来考虑。

1.1.2 基本组成

纯电动汽车的结构主要包括电力驱动控制系统、汽车底盘和车身等。除了电力驱动控制系统外，其他部分的功能及其结构组成基本与传统汽车类同，不过有些部件根据所选的驱动方式不同，已被简化或省去了。所以电力驱动控制系统既决定了整个纯电动汽车的结构组成及性能特征，也是电动汽车的核心，它相当于传统汽车中的发动机与其他功能以机电一体化方式相结合，这也是区别于传统内燃机汽车的最大不同点。根据工作原理，电力驱动控制系统可划分为车载电源模块、电力驱动主模块和辅助模块三大部分，如图 1-1 所示。

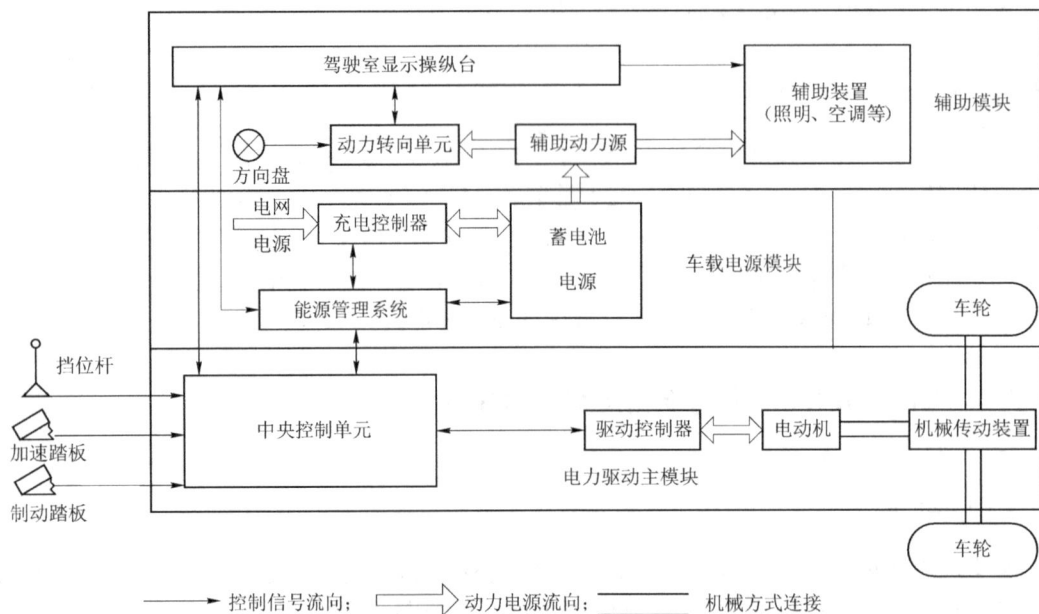

图 1-1 电力驱动系统组成

纯电动汽车和常规汽车组成的区别见表 1-1。

表 1-1 纯电动汽车和常规汽车组成的区别

组成要素	纯电动汽车	常规汽车
能量补给方式	从电网充电	从加油站加油
车载能量源	动力电池组	汽（柴）油箱
动力装置	电机	发动机

组成要素	纯电动汽车	常规汽车
传动系统	变速器等	离合器、变速器、传动轴、差速器等
辅助系统	车身电气、低压供电、整车控制、制动/空调/转向等	车身电气、低压供电、制动/空调/转向等

1.2 纯电动汽车的发展

1.2.1 关键部件的发展

纯电动汽车比燃油汽车出现的更早。早在 1873 年，英国人就制造了世界上最早的可供使用的电动汽车，这比德国人发明汽油汽车早了 10 年以上。由于燃油汽车技术迅速发展，而电动车在能源技术和行驶里程的研发上一直未能取得有效突破，从 20 世纪 20 年代至 60 年代末，电动汽车的发展进入了停滞期。进入 20 世纪 70 年代，石油危机的爆发以及人类对生存环境的日益关注，电动汽车才再度成为技术发展的热点。近十年来，能源和环境对各国的压力越来越大，特别是新兴发展中国家的城市汽车尾气污染问题越来越严重。因此，世界各国政府和全球汽车工业行业正在加大对电动汽车开发的投资力度，以加快电动汽车的商品化步伐。

对于电动汽车，电池质量和容量是电动汽车能否普及的核心技术问题。因此，车载电池技术进步的大小决定了电动汽车的发展水平。目前汽车厂商和电池厂商在不断地提升电动汽车的电池质量和容量。最具竞争力的电动汽车生产厂商特斯拉（TESLA），其生产的电动汽车的电池采用了松下生产的 NCA 系列钴酸锂电池，单颗电池容量为 3 100 mA·h。TESLA 采用了电池组的策略，85 kW·h 的特斯拉 MODEL S 的电池组一共使用了 8 142 个钴酸锂电池，行驶里程可超过 450 公里，但其重量高达 900 kg，接近车身重量的一半。钴酸锂电池优点突出，如结构稳定、容量高、综合性能好，但是其安全性稍差而且成本非常高。该电池组成本约为 250 美元/千瓦时，能够提供 233（W·h）/kg 的能量密度。

我国作为世界上最大的汽车生产和消费大国，年生产和消费各类汽车超过两千万辆。最近几年，在国家政策的支持下，电动汽车发展迅猛。在电动汽车领域，以比亚迪的电动汽车技术最具代表性，其销量在 2015 年的前十月已超过 4 万台，同比增长 222%。在 2015 年 5 月至 9 月，比亚迪新能源汽车连续五个月全球销量第一，超越三菱、日产以及特斯拉等国外品牌，市场份额达到 11%。比亚迪电动汽车采用自主研发的磷酸铁锂电池，它的放电效率高，通常充放电效率可达到 90% 以上。如比亚迪 E6，续航里程可达 300 公里。而比亚迪采用磷酸铁锂电池的根本原因在于它的安全性高于其他常用的车载电池，理论寿命也较长，可以达到 7 年以上，实际使用寿命大约为 5 年。目前比亚迪最新研究的磷酸铁锰锂电池突破了传统磷酸铁锂电池的能量密度限制，成本控制上比普通的磷酸铁锂更加优秀，而且已经应用在了新款比亚迪 E6 电动车上，续航能力得到了大幅度的提升，达到 400 公里。

除了电池续航里程这个技术指标外，电池的充放电时间也是电动汽车行业最为关注的一个指标之一。通常汽油车加满一箱汽油只需数分钟，而电动汽车充电则需要数小时，甚至十几个小时，效率相对较低，这是目前正在攻克的一个难关。但已经有最新的成果出现，即石墨烯电池，它可以在十几分钟至一个小时内将电池的电量充至 80% 以上，效率大大提高。

电动汽车最早采用了直流电机系统，特点是成本低、控制简单，但重量大，需要定期维护。随着电力电子技术、自动控制技术、计算机控制技术的发展，包括异步电机及永磁电机在内的交流电机系统体现出比直流电机系统更加优越的性能，目前交流电机已逐步取代了直流电机控制系统。特别是由于设计方法、开发工具及永磁材料的不断进步，用于驱动的永磁同步电机得到了飞速发展。电动汽车中常用的交流电机主要有异步电机、永磁电机、开关磁阻电机三大类型。其中，异步电机主要应用在纯电动汽车（包括轿车及客车）中，永磁同步电机主要应用在混合动力汽车（包括轿车及客车）中，开关磁阻电机目前主要应用在客车中。

经过近十几年国家对电动汽车用电机系统的集中研发和应用，我国已自主开发了满足各类电动汽车需求的驱动电机系统产品，获得了一大批电机系统的相关知识产权，形成了具有核心竞争力的车用驱动电机系统批量生产能力。目前，我国自主开发的永磁同步电机、交流异步电机和开关磁阻电机已经实现了与国内整车产业化技术配套，电机功率密度超过 1.3 kW/kg，电机系统最高效率达到 93% 以上，系列化产品的功率范围覆盖了 200 kW 以下电动汽车用电机的动力需求，各类电机系统的核心指标均达到相同功率等级的国际先进水平。

比较国内外发展现状，目前车用电驱系统的发展趋势主要有永磁化、数字化和集成化。永磁磁阻电机效率高，比功率较大，功率因数高。数字化是电驱动系统的核心。车用电机及其控制系统的集成化主要体现在电机与发动机、电机与变速器、电机与底盘系统的集成度不断提高。在高性能电动汽车领域，全新设计开发的底盘系统、制动系统及轮系等将电机和动力传动装置进行一体化集成，融合程度越来越深。机电一体化不仅是技术的集成，更是机电结构的整合。机电一体化集成进程的不断发展，要求变速器生产企业与电机企业相互配合，在原有传统变速器基础上兼容电机接口甚至设计专用的机电一体化变速器，才能将两者有机结合起来。

我国整车控制器主要以高校为依托进行研究，如清华大学、同济大学、北京理工大学等，目前已初步具备了整车控制器的软、硬件开发能力。产品功能较为完善，基本可以满足电动汽车需求，已经应用到样车及小批量产品上。目前各厂家基本掌握了整车控制器开发技术，但技术积累有限，水平参差不齐。控制器产品技术水平和产业化能力与国外相比仍有较大差距，表现在：整车控制器软件多数停留在功能实现层面，上层软件诊断功能、整车安全控制策略、监控功能均有待优化和提高；应用软件方面开发与应用工具体系薄弱；控制器硬件设计制造能力有待提高；控制器接口和网络通信协议尚未标准化。

尽管如此，随着电池技术的进步、成本的降低，以及电动汽车动力控制、驱动和汽车互联网等方面先进技术的发展，纯电动汽车将逐步进入每个人的生活。

1.2.2　电动汽车性能发展

电动汽车的性能应包括环境适应性、动力性、经济性、制动性、操纵性、舒适性、环保性、安全性、可靠耐久性、NVH–噪声、振动与声振粗糙度（Noise、Vibration、Harshness）等方面，具体如图 1-2 所示。

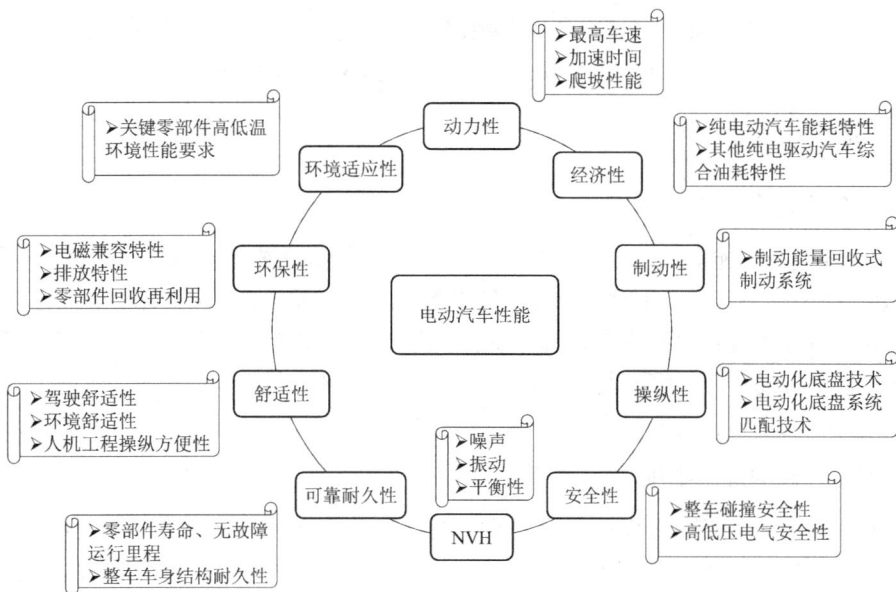

图 1-2 电动汽车性能示意

✿ 1.3 纯电动汽车高压安全

电动汽车动力系统的一个重要特点就是具有高电压、大电流的动力回路。为了适应电机驱动工作的特性要求并提高效率，高压电气系统的工作电压可以达到 300 V 以上，而且电力传输线路阻抗很小。高压电气的正常工作电流可达到数十甚至数百安培，瞬时短路放电电流更是成倍增加。高电压和大电流会危及车上乘客的人身安全，同时还会影响低压电气元件和车辆控制器的正常工作。因此，在设计和规划高压电气系统时不仅应充分满足整车动力驱动要求，还必须确保车辆运行安全、驾乘人员人身安全和车辆运行环境安全。电动汽车的安全工作是一项综合性的工作，有技术的一面，也有组织管理的一面。技术和组织管理相辅相成，有着十分密切的联系。

1.3.1 车辆充电方面

采用专用交流电路和电源插座（16 A 插座），不允许使用外接转换接头、插线板等，且应确保 16 A 电源插座接地良好。专用交流电路的作用是避免线路被破坏或者由于给动力电池充电时产生的大功率导致线路跳闸保护，如果没有使用专用线路，可能会影响线路上其他设备的正常工作。

为了避免对充电设备造成破坏，应注意以下事项：

（1）不要在充电插座塑料口盖打开的状态下关闭充电口盖板。

（2）不要用力拉或者扭转充电电缆。

（3）不要使充电设备承受撞击。

（4）不要把充电设备放在靠近加热器或其他有热源的地方。

（5）充电时，不建议人员停留在车辆内。

（6）充电时，建议将车辆停放在通风处。

（7）停止充电时应先断开交流充电连接装置的车辆插头，再断开电源端供电插头。

（8）不要将车辆搁置在超过 55 ℃以上环境下超过 24 小时，或低于–25 ℃环境下超过一天。

1.3.2 维护维修方面

1. 电动车机舱使用注意事项

（1）打开电动车机舱前，须将钥匙拧至"OFF"挡；电动车机舱内部标有高压危险警示标的器件，严禁用手直接去触摸；车辆机舱内严禁喷水、冲洗；不要在雨中打开前舱盖，以防漏电。

（2）用户不得私自开启高压电器盒。如果高压保险丝熔断，表示汽车电器系统有较大的故障，应立即与相关维修厂家取得联系。

（3）在前舱进行作业之前，必须关闭启动开关。

2. 选用工具时的注意事项

（1）在对新能源汽车高压部件进行维修维护前，首先应准备必需的基本绝缘安全工器具（如在电动汽车维修中用到的基本绝缘安全工器具有：验电、放电工装、绝缘罩、绝缘隔板等）和辅助安全工器具（属于这一类的安全工器具有：绝缘手套、绝缘靴、绝缘胶垫等）及安全围栏（网）和标示牌。

（2）在维修高压系统时必须使用电工专用绝缘工具，如图 1-3 和表 1-2 所示。

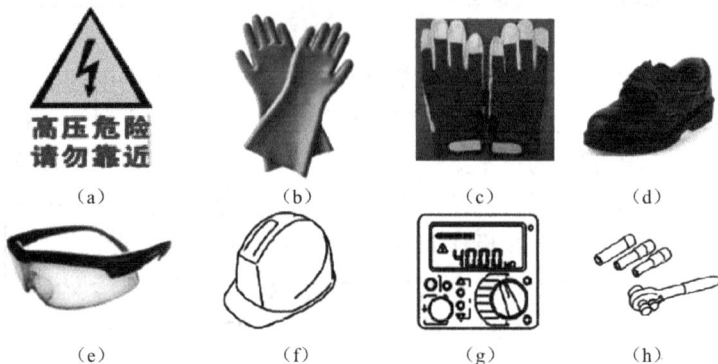

（a）　　　　　　（b）　　　　　　（c）　　　　　　（d）

（e）　　　　　　（f）　　　　　　（g）　　　　　　（h）

图 1-3　电工专用绝缘工具

（a）警示牌；（b）绝缘手套；（c）皮手套；（d）绝缘鞋；（e）防护眼镜；（f）绝缘帽；（g）绝缘表；（h）绝缘工具

表 1-2　工具用途

工具名称	用途描述
警示牌	在地面或车辆附近明显位置放置
绝缘手套（绝缘等级为 1 000 V/300 A 以上）	拆除及安装高压部件使用
皮手套	拆除及安装高压部件使用（保护绝缘手套）
绝缘鞋	拆除及安装高压部件使用
防护眼镜	拆除及安装高压部件使用
绝缘帽	拆除及安装高压部件使用
绝缘表	测试高压部件绝缘阻值
绝缘工具	拆除及安装高压部件使用

3. 使用安全用具时的注意事项

（1）安全用具要注意日常保养，防止受潮、损坏和脏污。

（2）使用绝缘手套前要仔细检查，不能有破损和漏气现象。

（3）辅助安全用具不能直接接触 1 kV 以上的电气设备，在高压工作使用时，需要与其他安全用具配合使用。

（4）使用验电器时应将验电器慢慢地靠近电气设备，如氖光灯发亮表示有电。验电器必须按其额定电压使用，不得将低压验电器用在高压上，也不得将高压验电器用在低压上。

1.3.3 高压断电步骤及注意事项

（1）在电动汽车全部停电或部分停电的电气设备上工作，必须完成下列措施：停电；挂锁；验电；放电；悬挂标示牌；装设遮栏；有监护人。

（2）在高压设备上进行检修工作需要停电时，必须把各方面的电源完全断开，禁止在只通过开关断开电源的设备上工作，工作地点各方必须有明显断开点。

（3）对电气设备进行验电前，应先在有电设备上进行试验，确保验电器良好；必须用电压等级合适而且合格的验电器在检修设备进出线两侧分别验证，放电后用测量用具确认放电完成，无电压。

（4）对于大事故车辆或异常车辆（如有焦煳味，冒烟、浸水等）要在专用的场地（或工位）进行观测 48 小时，并有防爆、防火设施。

（5）维修动力电池组或更换电芯时，施工人员应做好相应的屏护和警示工作，并出示施工的内容及工作进程，离开施工现场时应将绝缘隔板或绝缘罩设置在动力电池组的外露部分并写明离开原因。维修或更换其他高压部件时，安全工作应符合动力电池的安全措施要求。

1.3.4 电动汽车作业要求

1. 安全措施

（1）在用户正常操作时，通过绝缘防护、等电势（搭铁电阻）、外壳 IP 防护、泄漏电流等措施提供电气防护。

（2）环境条件和可能发生的意外事件都可能使得这种保护的强度降低。因此，高压系统配置了绝缘监测功能，一般采用漏电传感器对高压系统进行绝缘监控。

（3）在对车辆进行维修保养时，采用紧急维修开关进行安全防护。

（4）在异常使用时（例如碰撞、非正常操作断开高压连接器等），采用高压互锁、高压泄放（主动放电、被动放电）等措施保障使用安全。

（5）在电路设计时，应能满足电气间隙、爬电距离等要求，并具备各类过压、过流和短路防护功能。

2. 作业要求

（1）非持证电工不准装接电动汽车高压电气设备。

（2）任何人不准玩弄电气设备和开关。

（3）破损的电气设备应及时调换，不准使用绝缘损坏的电气设备。

（4）不准利用车身电源对电动汽车以外的用电设备供电。

（5）设备检修切断电源时，任何人不准启动挂有警告牌的电气设备，或合上断开的熔断器。

（6）不准用水冲洗、揩擦电气设备。

（7）熔断丝熔断时，不准调换容量不符的熔断丝。

（8）不经技术部门或主管部门审批，不准私自改动或加装设备。

（9）发现有人触电，应立即切断电源进行抢救，未脱离电源前不准直接接触触电者。

（10）雷雨天气，禁止在室外对车辆进行充电和维修维护工作。

1.3.5　触电急救

进行触电急救，应坚持迅速、就地、准确、坚持的原则。触电急救必须分秒必争，立即就地用心肺复苏法进行抢救，并坚持不断地进行，同时及早与医疗部门联系，争取医务人员接替救治。在医务人员未接替救治前，不应放弃现场抢救，更不能只根据呼吸或脉搏擅自判定伤员死亡，放弃抢救。只有医生有权做出伤员死亡的诊断。

1. 脱离电源

（1）触电急救，首先要使触电者迅速脱离电源，越快越好。因为电流作用的时间越长，伤害越重。

（2）触电者未脱离电源前，救护人员不准直接用手触及伤员，以免发生触电危险。

（3）使用绝缘工具、干燥的木棒、木板、绳索等不导电的东西解脱触电者；也可抓住触电者干燥而不贴身的衣服，将其拖开，切记不要碰到带电物体和触电者的裸露身躯；也可戴绝缘手套后解脱触电者。

（4）在动力电池组维修或更换电芯时触电，触电者受到电击后极易麻痹、昏厥或休克而倒在电池上，由于电池内部的带电部分外露较多，为避免触电面积增加，进而加大对触电者的伤害，施救时可用绝缘隔板、干木板或绝缘塑料板插于触电者与电池之间，再进一步将触电者脱离移开，同时施救者也要保证自身安全。

2. 伤员脱离电源后的处理

（1）触电伤员如神志清醒，应使其就地躺平，严密观察，暂时不要站立或走动。

（2）触电伤员如神志不清，应就地仰面躺平，且确保气道通畅，并用 5 s 时间呼叫伤员或轻拍其肩部，以判定伤员是否意识丧失。禁止摇动伤员头部呼叫伤员。

（3）需要抢救的伤员，应立即就地坚持正确抢救，并设法联系医疗部门接替救治。

（4）呼吸、心跳情况的判定：触电伤员如意识丧失，应在 10 s 内，用看、听、试的方法，判定伤员的呼吸和心跳情况（看——看伤员的胸部、腹部有无起伏动作；听——用耳贴近伤员的口鼻处，听有无呼气声音；试——试测口鼻有无呼气的气流，再用两手指轻试一侧（左或右）喉结旁凹陷处的颈动脉有无搏动）。若看、听、试结果为既无呼吸又无颈动脉搏动，则可判定呼吸、心跳停止。

3. 心肺复苏法

触电伤员呼吸和心跳均停止时，应立即按心肺复苏法支持生命的基本措施，正确进行就地抢救。

（1）通畅气道。

（2）口对口（鼻）人工呼吸。

（3）胸外按压（人工循环）。

（4）用除颤仪进行电除颤。

1.3.6　绝缘检测

国际标准化组织和美国、欧洲、日本等先后发布了若干电动汽车的技术标准，它们对电动汽车的高压电安全及控制制定了较为严格的标准和要求，并规定了高压系统必须具备高压电自动切断装置。其中与电动汽车安全有关的电气特性有：绝缘特性，漏电流、充电器的过电流特性，爬电距离和电器间隙等。

电动汽车的运行情况非常复杂，在运行过程中难免会出现部件间的相互碰撞、摩擦、挤压，有可能使原本绝缘良好的导线绝缘层出现破损、接线端子与周围金属出现搭接、高压电缆绝缘介质老化等，这些因素都会导致高压电路和车辆底盘之间的绝缘性能下降，电源正负极引线将通过绝缘层和底盘构成漏电流回路。当高压电路和底盘之间发生绝缘性能下降时，还会导致漏电回路的热积累效应，可能造成车辆电气火灾。因此，高压电气系统相对车辆底盘电气绝缘性能的实时检测是电动汽车电气安全技术的核心内容，对乘客安全、电气设备正常工作和车辆安全运行具有重要的意义。

1. 电气绝缘检测方法

对于封闭回路的高压直流电气系统，其绝缘性能通常用电气系统中电源对地漏电流的大小来表征，现在普遍使用两种漏电流检测方法：辅助电源法和电流传感法。

1）辅助电源法

在我国某些电力机车采用的漏电检测器中，使用一个直流 110 V 的检测用辅助蓄电池，蓄电池正极与待测高压直流电源的负极相连，蓄电池负极与机车机壳实现一点连接。在待测系统绝缘性能良好的情况下，蓄电池没有电流回路，漏电流为零；在电源电缆绝缘层老化或环境潮湿等情况下，蓄电池通过电缆线绝缘层形成闭合回路，产生漏电流，检测器根据漏电流的大小进行报警，并关断待测系统的电源。这种检测方法不仅需要 110 V 的直流辅助电，增加了系统结构的复杂程度，而且难以区分绝缘故障源是来自电源的正引线电缆还是负极引线电缆。

2）电流传感法

采用霍尔式电流传感器是对高压直流系统进行漏电检测的另外一种方法，将待测系统中电源的正极和负极一起同方向穿过电流传感器，当没有漏电流时，从电源正极流出的电流等于回到电源负极的电流，因此，穿过电流传感器的总电流为零，电流传感器输出电压为零；产生漏电现象时，电流传感器输出电压不为零。根据该电压的正负，可以进一步判断产生漏电流的来源是来自电源正极引线电缆还是电源负极引线电缆，但是，应用这种检测方法的前提是待测电源必须处于工作状态，且要有工作电流的流出和流入，其无法在电源空载状态下评价电源的对地绝缘性能。目前的一些电动汽车研发产品，采用母线电压在"直流正极母线—底盘"和"直流负极母线—底盘"之间的分压来表征直流母线相对于车辆底盘的绝缘程度。但是，这种电压分压法只能表征直流正、负极母线对底盘的相对绝缘程度，无法判别直流正、负极母线对底盘绝缘性能同步降低的情况；同时，对于直流正、负极母线对底盘绝缘电阻差异较大的情况会出现绝性能下降的误判断。严格地说，对于电动汽车，只有定量地分别检测直流正极母线和负极母线对底盘的绝缘性能，才能保证电动汽车的电气安全性。

2. 电气绝缘性能

电动汽车的电气设备直接安装在车辆底盘上，每个电气设备都有独立的电流回路，与底盘之间没有直接的电气连接。整个高压系统是与底盘绝缘、封闭的电气系统。绝缘体是相对导电体而言的，在直流电源系统中，定量描述一种介质绝缘性能和导电性能的物理量是电阻。导体的电阻小，绝缘体的电阻大，绝缘体电阻的大小表征了介质的绝缘性能。电阻越大，绝缘性能越好，反之亦然。一般称绝缘体的电阻为绝缘电阻。在电动汽车的高压电气系统中，分别利用电源的正、负极引线电缆相对于底盘的绝缘电阻来反映电气系统的绝缘性能。

1.3.7 高压互锁

在 ISO 国际标准《ISO 6469-3：2001 电动汽车安全技术规范第 3 部分：人员电气伤害防护》中，规定车上的高压部件应具有高压互锁装置，但并没有详细地定义高压互锁系统。高压互锁，也指危险电压互锁回路（HVIL Hazardous Voltage Interlock Loop）：通过使用电气小信号，来检查整个高压产品、导线、连接器及护盖的电气完整性（连续性），当识别回路异常时，及时断开高压电。

在高压接插件未插紧或高压设备打开时，通过自动断开设备，切断保持电路，向控制电路发送报警信号，使整车高压系统无法上电，确保车辆使用安全。高压安全系统对所有设备的高压插件和盖板配备高压互锁功能，串联成一个网络，从电池管理系统开始，经空气压缩机、助力转向、高压配电箱、DC/DC、DC/AC、驱动电机、驱动电机控制器，再回到电池管理系统，连成一个整体，如图 1-4 和图 1-5 所示。当有一处断开时，电池管理系统（BMS）可以根据不同的运行工况，停止充放电，或者切断动力电池的高压。

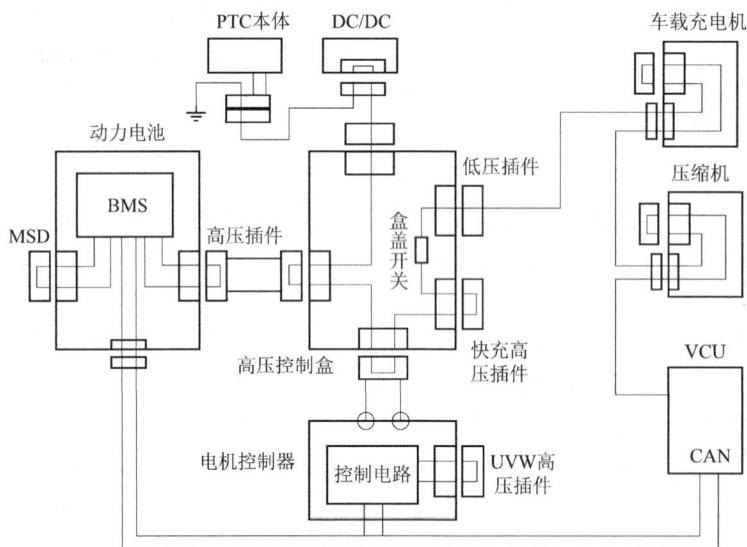

图 1-4　高压互锁原理图

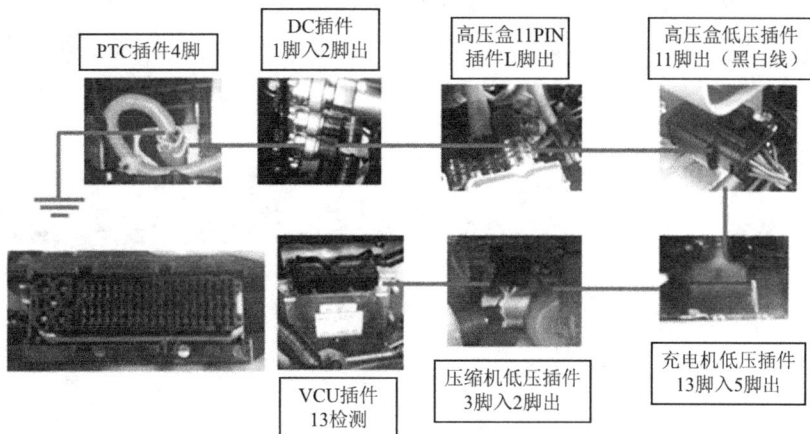

图 1-5　高压互锁示意图

当高压互锁系统识别到危险时，整个控制器应根据危险时的行车状态及故障危险程度运用合理的安全策略，这些策略包括以下几点：

（1）故障报警。无论电动汽车处于何种状态，高压互锁系统在识别到危险时，车辆应该对危险情况做出报警提示，即通过仪表或指示器以声或光报警的形式提醒驾驶员，让驾驶员注意车辆的异常情况，以便及时处理，避免发生安全事故。

（2）切断高压源。当电动汽车处于停止状态，高压互锁系统识别到严重危险情况时，除了进行故障报警外，还应通知系统控制器断开自动断路器，使高压源被彻底切断，避免可能发生的高压危险，确保财产和人身安全。

（3）降功率运行。电动汽车在高速行车的过程中，高压互锁系统在识别到危险情况时，不能马上切断高压源，应首先通过报警提示驾驶员，然后通过控制系统降低电机的运行功率，使车辆速度降下来，以使整车高压系统在负荷较小的情况下运行，尽量降低发生高压危险的可能性，同时也允许驾驶员将车辆停到安全的地方。

习题

1. 简述电动汽车电气安全的必要性。
2. 纯电动汽车由哪几部分组成？
3. 纯电动汽车的电气安全措施有哪些？

第二章

车载电源模块

本章学习目标

◆ 掌握车载电源模块的结构组成

◆ 熟悉几种常见电动汽车用蓄电池的性能

◆ 掌握电池管理系统的功能

导读

2014 年 12 月 26 日，美国电动汽车制造商特斯拉发布了其两年前停产的第一代车型 Roadster 的升级版，续航里程达到 644 公里，高出原版 60%。电池技术的进步，提高了特斯拉产品的性能。特斯拉 CEO 马斯克称，特斯拉的高性能石墨烯电池，相比目前的电池，其容量增长了近 70%。

2014 年 12 月初，西方媒体报道，西班牙 Graphenano 公司和西班牙科尔瓦多大学合作研发的石墨烯电池，一次充电时间只需 8 分钟，可行驶 1 000 公里，它被石墨烯研究者称作"超级电池"。

2.1 车载电源模块概述

蓄电池是纯电动汽车的唯一能源，它除了能供给汽车驱动行驶所需的电能外，也是供应汽车上各种辅助装置的工作电源。蓄电池在安装到车上前需要通过串并联的方式组合成所要求的电压等级，电机驱动所需的等级电压往往与照明、各种灯光信号装置、车载音响设备等辅助装置的电压要求不一致，辅助装置所要求的一般为 12 V 或 24 V 的低压电源，而电机驱动一般要求为高压电源，并且所采用的电机类型不同，其要求的电压等级也不同。为满足该要求，可以用多个 12 V 或 24 V 的蓄电池串成 96～384 V 的高压直流电池组，再通过 DC/DC 转换器或 DC/AC 供给所需的不同电压类型；也可按所需求的电压等级，直接由蓄电池组合成不同电压等级的电池组，不过这样会给充电和能源管理带来相应的麻烦。

2.1.1 车载电源模块组成

车载电源模块主要由辅助动力源和动力电池系统（动力电池模组、电池管理系统、动力电池箱及辅助元器件）组成。辅助动力源是供给电动汽车其他各种辅助装置所需能源的动力电源，一般为 12 V 或 24 V 的直流低压电源，其作用是给动力转向、制动力调节控制、照明、电动窗门等各种辅助装置提供所需的能源；动力电池模组由多个电池模块或单体电芯串联组成；电池管理系统是整个动力电池系统的神经中枢；动力电池箱用来放置动力电池模组；辅助元器件主要包括动力电池系统内部的电子电器元件，如熔断器、继电器、分流器、接插件、紧急开关、烟雾传感器、维修开关以及电子电器元件以外的辅助元器件，如密封条、绝缘材料等。

动力电池系统的组成及其内部结构如图 2-1～图 2-3 所示，辅助元器件如图 2-4 所示。

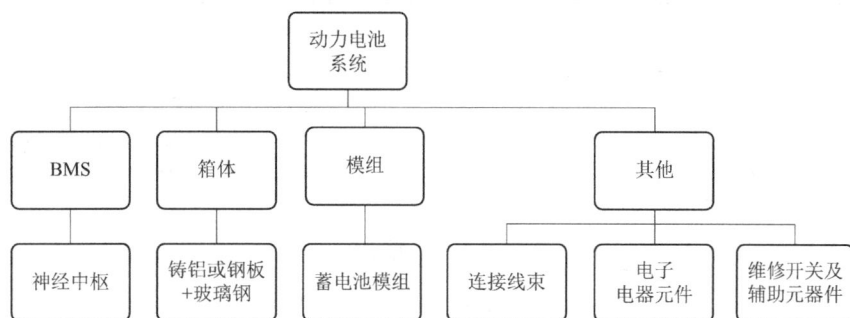

图 2-1　动力电池系统组成

图 2-2　动力电池系统

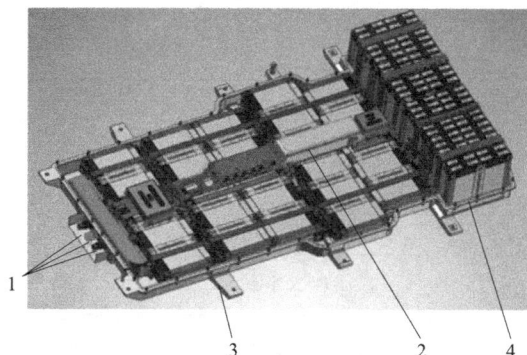

图 2-3　动力电池系统内部结构
1—辅助元器件；2—电池管理系统；
3—动力电池箱；4—动力电池模组

图 2-4　辅助元器件

2.1.2 动力电池系统工作原理

动力电池模组放置在一个密封并且屏蔽的动力电池箱内，动力电池系统使用可靠的高压接插件与高压控制盒相连，然后输出的直流电由电机控制器转变为三相脉冲高压电，驱动电机工作；系统内的 BMS 实时采集各电芯的电压、各传感器的温度值、电池系统的总电压值和总电流值等数据，实时监控动力电池的工作状态，并通过 CAN 线与 ECU 或充电机进行通信，对动力电池系统充放电等进行综合管理。

高、低压系统及绝缘监测回路的工作原理如图 2-5～图 2-7 所示。

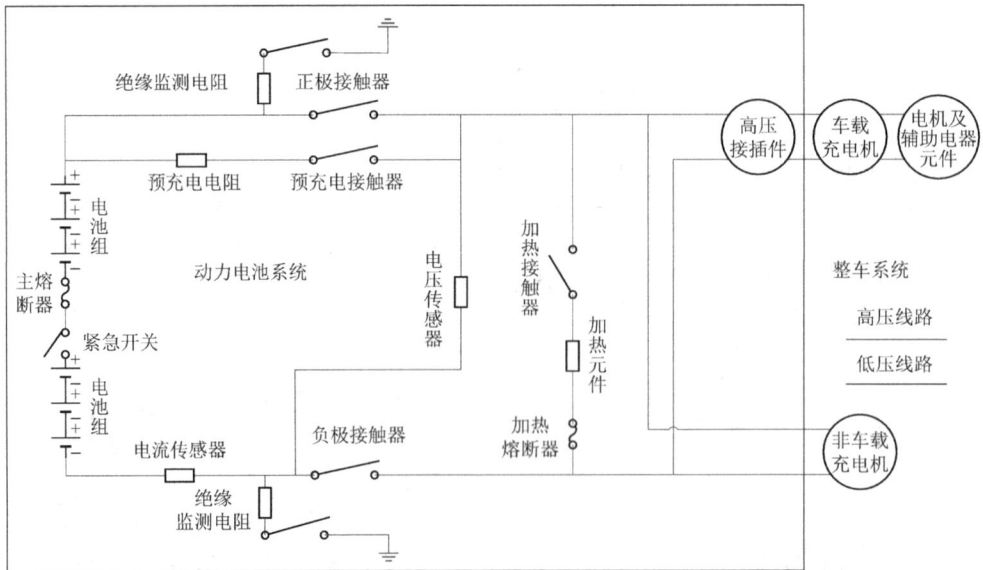

图 2-5　高压系统工作原理

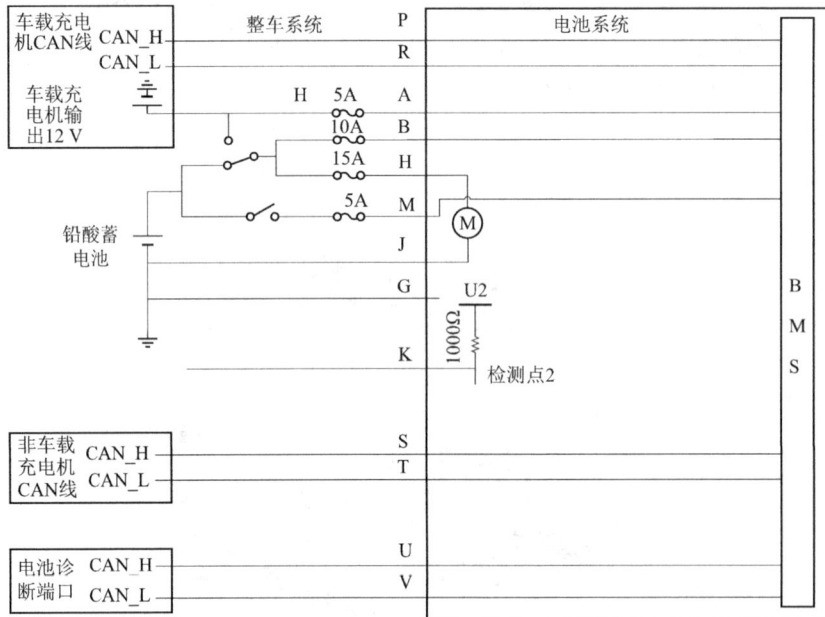

图 2-6　低压系统工作原理

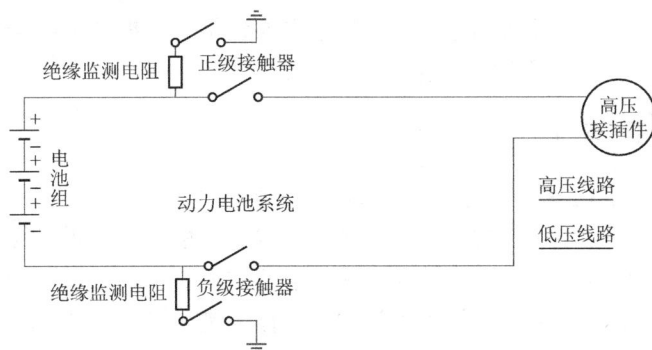

图 2-7 绝缘监测回路工作原理

2.2 蓄电池电源

早在 1873 年，英国人首先制造了使用蓄电池作为储能装置的电动汽车，但由于燃油发动机汽车的综合性能大大提高，而蓄电池技术发展缓慢，故电动汽车逐渐被燃油发动机汽车所取代。然而，长期以来，随着能源、环境问题的日益严峻，能实现"零排放"的电动汽车又一次成为人们关注的焦点。目前，电动汽车车载动力源一般都是各式各样的蓄电池，利用周期性的充电来补充电能。

2.2.1 蓄电池的定义和分类

1. 定义

蓄电池：盛有电解质溶液并具有金属电极，以产生电流的杯、槽或其他容器或复合容器。

2. 分类

蓄电池的分类方法大体上有以下几种：

1）按电解液种类分类

碱性蓄电池：电解质主要以氢氧化钾水溶液为主的蓄电池，如镉镍蓄电池、镍氢蓄电池等。

酸性蓄电池：主要以硫酸水溶液为介质的电池，如铅酸蓄电池。

有机电解液电池：主要以有机溶液为介质的电池，如锂电池、锂离子电池等。

2）按工作性质分类

一次蓄电池，又称原蓄电池，即不能再充电的电池。如果原电池中电解质不流动则称为干电池，如锌锰干电池、锌汞干电池等。

二次电池，即可充电电池，习惯上称为蓄电池。它是目前电动汽车上用得最多的动力电池，主要有铅酸蓄电池、锂离子电池、镍氢电池、钠硫电池等。

燃料电池又称"连续电池"，即将活性物质连续注入电池，使其连续放电的电池。

3）按电池的正负极材料分类

按电池的正负极材料可分为锌系列电池、镍系列电池、铅系列电池、锂系列电池及空气系列电池等。锌系列电池有锌锰电池、锌银电池等；镍系列电池有镍镉电池、镍氢电池等；

铅系列电池有铅酸电池等；锂系列电池有锂离子电池、聚合物锂电池、磷酸铁锂电池等；空气系列电池有锌空气电池和铝空气电池等。

2.2.2 蓄电池的基本组成

蓄电池一般由电极（正极、负极）、电解质、隔膜和外壳（容器）四部分组成。其中电极是电池的核心部分，一般由活性物质和导电骨架组成。活性物质是指能够通过化学反应释放出电能的物质，对其要求是电化学活性高，在电解液中的稳定性高、电子导电性好，它是决定化学电源基本特性的重要部分。导电骨架的主要作用是传导电子和支撑活性物质。在电池外部标有"+"的一端即为正极，而标有"-"的一端即为负极。当电池通过外部电路（负载）放电时，电池的正极从外电路获得电子，而负极则向外电路输出电子；而对于电池内部来说则恰好相反。需注意的是，由于电池内部的阴极、阳极分别对应于电池外部的正极、负极，因此电池向负载放电时，电池内部的阴极从外部得到电子，发生还原反应，在内部向阳极传输电子；而电池内部的阳极向外部输出电子，发生氧化反应，在内部向阴极传导正离子（即从阴极获取电子）。

电解质在电池内部阴、阳极之间担负着传递电荷（带电离子）的作用。电解质通常为液体或固体。液体电解质通常称为电解液，一般是酸、碱、盐的水溶液；固体电解液一般为盐类，由固体电解质组成的电池即为干电池。对液体电解质的要求是比电导高、溶液欧姆电压降小；对固体电解质的要求是具有离子导电性，而不具有电子导电性。电解质化学性质必须稳定，使贮存期间电解质与活性物质界面间的电化学反应速率小，这样电池自放电时容量损失就小。

为避免因电池内部阴、阳极之间的距离较近而发生内部短路产生严重的自放电现象，需在其阴、阳极之间加放绝缘的隔膜，其隔膜的形状通常为薄膜、板材或胶状物等。对隔膜的要求是化学性能稳定，有一定的机械强度，对电解质离子运动的阻力小，应是电的良好绝缘体，并能阻挡从电极上脱落的活性物质微粒和枝晶的生长。

电池的外壳是盛放和保护电池电极、电解质、隔膜的器件。一般要求外壳具有足够的机械强度且耐振动、耐冲击、耐腐蚀，并具有足够的化学稳定性。

蓄电池结构如图 2-8 所示。

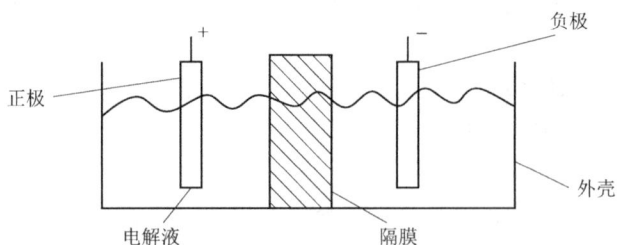

图 2-8 蓄电池结构

2.2.3 蓄电池的基本术语

1. 记忆效应

记忆效应是指电池在没有完全放电之前就重新充电，电池会储存这一放电平台并在下次循环中将其作为放电的终点，尽管电池本身的容量可以使电池放电到更低的平台上，但在以后的放电过程中，电池将只记得这一低容量。同样在每次使用中，任何一次不完全的放电都将加深这一效应，使电池容量逐渐变低，这主要表现在镍镉电池中。在其他蓄电池中，该效应较小或不存在，其是由电池内生长晶枝引起的，通过深度充放电虽可缓解，但会损坏电池。较好的方法是采用脉冲充电法，不仅可抑制晶枝生长，还有可能使一些生长的晶枝得到溶解。

2. 电池的充电

电池充电是将外部电源输入到蓄电池的直流电能转换为化学能储存起来的过程。充电的方式有以下几种：

（1）恒压充电：保持充电器端电压始终不变的一种充电方法。

（2）恒流充电：保持充电电流保持不变的一种充电方法。

（3）涓流充电：为补充自放电，使蓄电池保持在近似完全充电状态的连续小电流充电。

（4）浮充电：随时对蓄电池用恒压充电，使其保持一定的荷电状态。

3. 电池的放电

电池的放电是将电池内储存的化学能以电能方式释放出来的过程，即电池向外电路输送电流。

4. 电池组

蓄电池作为动力源，一般要求有较高的电压和电流，所以需要将若干个单体电池通过串联、并联与串并联结合的方式组合成电池组使用。电池组对单体电池性能有严格的要求，在同一组电池中必须选择同一系列、同一规格、性能尽可能一致的单体电池。

5. 电池单体

构成动力电池模块的最小单元，一般由正极、负极、电解质及外壳等构成，可实现电能与化学能之间的直接转换。

6. 电池模块

一组并联的电池单体的组合，该组合额定电压与电池单体的额定电压相等，是电池单体在物理结构和电路上连接起来的最小分组，可作为一个单元替换。由多个电池模块或单体电池串联组成的组合体，又称为模组。

7. 电压

1）电动势

电池正极和负极之间的电位差，通常用 E 表示。

2）开路电压

电池在开路时的端电压，一般开路电压与电池的电动势近似相等。

3）额定电压

电池在标准规定条件下工作时应达到的电压。

4）工作电压（负载电压、放电电压）

电池两端接上负载 R 后，在放电过程中显示出来的电压。

5）终止电压

电池在一定标准所规定的放电条件下放电时，电池的电压将逐渐降低，当电池不宜再继续放电时，电池的最低工作电压称为终止电压。

8. 电池容量（Ah）

1）理论容量

根据蓄电池活性物质的特征，按法拉第定律计算出的最高理论值，一般用质量容量 Ah/kg 或体积容量 Ah/L 来表示。

2）实际容量

在一定条件下输出的电量，等于放电电流与放电时间的乘积。

3）标称容量（保证容量）

按一定标准规定的放电条件，电池应放出的最低限度的容量。

4）充电状态（SOC）

充电状态是指电池容量的变化。SOC=1 即表示电池为充满状态。随着蓄电池放电，蓄电池的电荷逐渐减少，此时可以用 SOC 百分数的相对量来表示蓄电池中电荷的变化状态。一般蓄电池放电效率为 50%～80%。对 SOC 精确的实时辨识是电池管理系统的一项关键技术。

9. 功率（W、kW）

在一定的放电制度下，电池在单位时间内所输出的能量。

1）比功率（W/kg）

比功率是指电池单位质量中所具有的电能的功率。

2）功率密度（W/L）

功率密度是指电池单位体积中所具有的电能的功率。

10. 能量（Wh、kWh）

电池的能量决定着电动汽车的行驶距离。蓄电池能量具体有以下指标：

1）标称能量

按一定标准规定的放电条件，电池所输出的能量。电池的标称能量是电池的规定容量与额定电压的乘积。

2）实际能量

在一定条件下电池所输出的能量。电池的实际能量是电池的实际容量与平均工作电压的乘积。

3）比能量（Wh/kg）

比能量是指动力电池组单位质量的电池所能输出的能量。

4）能量密度（Wh/L）

动力电池组的能量密度是指动力电池组单位体积的电池所能输出的能量。

11. 电池的内阻

电流通过电池内部时受到阻力作用，使电池电压降低，此阻力称为电池的内阻。由于电池的内阻作用，使得电池在放电时端电压低于电动势和开路电压；在充电时端电压高于电动势和开路电压。

12. 循环次数（次）

蓄电池的工作是一个不断充电—放电—充电—放电的循环过程，即按一定的标准规定放电，当电池的容量降到某一个规定值以前，就要停止继续放电，然后经过充电才能继续使用。在每一个循环中，电池中的化学活性物质要发生一次可逆性的化学反应。随着充电和放电次数的增加，电池中的化学活性物质会发生老化变质，逐渐削弱其化学性能，使得电池的充电和放电效率逐渐降低，最后使电池丧失全部功能而报废。蓄电池充电和放电的循环次数与电池的充电和放电形式、电池的温度及放电深度有关，放电深度浅时，有利于延长电池的寿命。特别是电池在电动汽车上的使用环境，以及电池组中各个电池的均衡性、安装和固定方式、所受的振动和线路安装等，都会影响电池的工作循环次数。

13. 使用年限（年）

使用年限指电池从开始使用到报废所经历的年数。电池除了用循环次数表示使用时间外，通常还可用电池的使用年限来表示电池的寿命。

14. 放电速率（放电率）

放电速率，一般用电池再放电时的时间或放电电流与额定电流的比值来表示。

1）时率（也称为小时率）

电池以某种电流强度放电直到电池的电压降低到终止电压时所经过的放电时间。

2）倍率

电池以某种电流强度放电的数值相对于额定容量数值的倍数。

当放电电流大于或等于额定容量的数值时，该放电电流值用"倍率"表示；若放电电流小于额定容量的数值，则该放电电流值用"小时率"来表示。蓄电池的额定容量常用"C"来表示，而"倍率"或"放电率"在C前加系数即可。例如：2倍率，即2C，其放电电流值为额定容量电流值的两倍，而额定容量电流约半小时放完；2小时率，即0.5C，其放电电流值为额定容量电流值的1/2，而额定容量电流约2 h放完电。

3）自放电率

自放电率是指电池在一定存放时间且没有负荷的条件下自身放电，使得电池容量损失的速度。自放电率用单位时间（月/年）内电池容量下降的百分数来表示。

2.2.4 电动汽车常用的蓄电池

1. 电动汽车对蓄电池的要求

（1）有持续稳定的大电流放电，能够使汽车保持一定的行驶速度。

（2）有短暂大电流放电的能力，保证汽车在加速、上坡时有足够的动力。

（3）能一次性提供足够的能量，保证汽车有一定的续驶里程。

（4）需要安装电池管理系统和热管理系统，以显示电池组的剩余电量及实现温度控制。

（5）由于动力电池组体积和质量较大，故电池箱的设计及电池的空间布置和安装问题都需要认真研究。

2. 动力蓄电池的定义

动力蓄电池即为工具提供动力来源的电源，多指为电动汽车、电动列车、高尔夫球车提供动力的蓄电池。动力蓄电池组是电动汽车的关键设备，它储存的电能、质量和体积，对电动汽车的性能起到决定性的作用。

3. 动力蓄电池的分类

电动汽车的动力蓄电池可以分为二次蓄电池、超级电容器和飞轮蓄电池等。

（1）二次蓄电池也称可充电蓄电池，主要有铅酸蓄电池、镍氢蓄电池、锂离子蓄电池和镍—金属氢化物蓄电池。

（2）超级电容器又叫电化学电容器，是新型双电层电容器，电容量大。

（3）飞轮蓄电池也称分轮储能器，是利用飞轮高速旋转储存和释放电能的装置。

表 2-1 所示为各类型电池性能参数的比较。

表 2-1 各类型电池性能参数的比较

电池类型	单位电池电压/V	比能量/[(W·h)·kg⁻¹]	比功率/(W·kg⁻¹)	寿命/次	优　点	缺　点
铅酸蓄电池	2.0	35～40	50	400～1 000	技术成熟、原料丰富、价格低、温度特性好	比能量和比功率较低，寿命短，存在铅毒等污染
锂离子电池	3.6	110	300	1 000 以上	比能量大、寿命长	成本高，须有保护电路
聚合物锂电池	3.8	150	315	大于 300	比能量大、电压高、自放电小、超薄化	成本高
磷酸铁锂电池	3.2	100	—	可达 2 000	寿命长、安全性好	体积大
镍氢蓄电池	1.2	55～70	160～500	600	放电倍率高、免维护	自放电大，单体电压低
钠硫蓄电池	约 2.4	109	150	1 000	比能量高、转换效率高、循环寿命长	工作温度高，性能不够稳定，使用不安全
钠氯化镍电池	达 2.58	100	150	1 000	比钠硫电池安全	工作温度仍较高
锌空气电池	—	180～230	小	短	比能量大	比功率低
铝空气电池	—	350	小	短	比能量大、成本低	比功率低
超级电容	—	小	1 000	万次以上	比功率大、寿命超长	比能量小
飞轮储能	—	较小	大	长	比功率大、寿命长	比能量较小

电池类型	单位电池电压/V	比能量/[（W·h）·kg^{-1}]	比功率/（W·kg^{-1}）	寿命/次	优　　点	缺　　点
燃料电池	—	—	—	—	寿命长、效率高、污染小、噪声低、可快速补充能源和连续工作	目前存在制氢、储氢的成本和安全等问题

4. 电动汽车常用的蓄电池

1）铅酸蓄电池

铅酸蓄电池是日常中最常见的电池，主要的优点是电压稳定、价格便宜，但同时也存在着比能量低、使用寿命短和日常维护频繁等问题。在国内，铅酸蓄电池在低速电动汽车上的应用很普遍，除了上面提到的优点外，这种电池的价格也比其他的电池低。铅酸蓄电池虽然价格低廉，但是电池的续航能力比较差。所以，电动汽车完全由这种电池来提供能源并不合适。

2）磷酸铁锰锂电池

磷酸铁锰锂电池，比亚迪的电池技术。比亚迪最新研究的磷酸铁锰锂电池突破了传统磷酸铁锂电池的能量密度限制，达到了三元材料水平，而在成本控制上比普通的磷酸铁锂更加优秀，并已经应用在了比亚迪电动汽车上，续航能力得到了大幅度的提升。在比亚迪秦这款电动汽车上便应用了该款电池，这款电池就是在磷酸铁锂电池路线下的改进型，叫磷酸铁锰锂电池，即在材料里面添加了锰元素。磷酸铁锰锂电池的能量密度已经达到了三元材料的密度，在续航能力上比现在的磷酸铁锂电池更加持久。

3）磷酸铁锂电池

磷酸铁锂电池属于锂离子二次电池，主要用作动力电池，而且它的放电效率较高，倍率放电情况下充放电效率可达到90%以上，而铅酸电池大约为80%。在电池中，磷酸铁锂电池的安全性也高于其他的电池，理论寿命可以达到7～8年，实际使用寿命为3～5年，性能价格比理论上为铅酸电池的4倍以上。磷酸铁锂电池的价格高于其他类型的电池，而且电池容量较小、续行里程短，而且报废后基本上不能回收再利用，没有可回收价值。综上所述，磷酸铁锂电池在电动汽车上的应用，会使电动汽车整体成本提升，而且电池不可回收利用，这样会造成资源的浪费和消耗。

4）钴酸锂电池

TESLA 的专属电池，TESLA 电动汽车的电池采用了松下提供的 NCA 系列（镍钴铝体系）18650 钴酸锂电池，单颗电池容量为 3 100 mA·h。TESLA 采用了电池组的战略，85 kW·h 的 MODEL S 的电池单元一共运用了 8 142 个 18650 锂电池，工程师首先将这些电池以砖、片的形式逐一平均分配，最终组成一整个电池包，电池包位于车身底板。钴酸锂电池具有结构稳定、容量比高、综合性能突出的优点，但是其安全性差而且成本非常高，主要用作中小型号电芯，标称电压为 3.7 V。TESLA 把这样的电池组合到一起，安全性就成了一个很需要关注的问题，TESLA 的工程师将电池包内的保险装置分配到每一节 18650 钴酸锂电池，每一节

18650 钴酸锂电池两端均设有保险丝，当电池出现过热或电流过大时，保险丝会被切断，以此避免因某个电池出现异常情况（过热或电流过大）而影响到整个电池包。那么，就此来看，钴酸锂电池虽然本身存在着缺陷，但是通过 TESLA 工程师的改进，安全性基本上可以保证。显然，这样的解决方案还是很适合在纯电动汽车上发展的。

特斯拉电动汽车所采用的钴酸锂电池，如图 2-9 和图 2-10 所示。

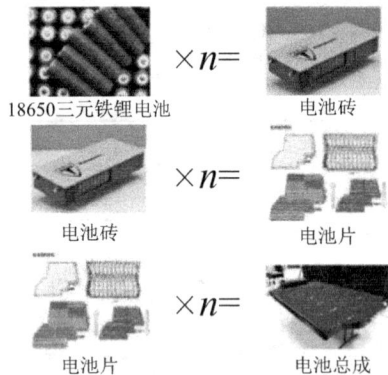

图 2-9　特斯拉电池组成

图 2-10　特斯拉汽车

2.2.5　铅酸蓄电池

自 1859 年法国科学家普兰特（Plante）发明了铅酸蓄电池，至今已经过了一个半世纪。多年来铅酸蓄电池历经了许多重大的改进，由于制造工艺及相关配套技术成熟，且具有价格便宜、规格齐全、原料易得、使用可靠、温度特性好、可大电流放电等优点，因此在许多领域里得到了广泛应用。在此主要针对电动汽车所用的铅酸蓄电池予以介绍。

1. 铅酸蓄电池的分类及型号

铅酸蓄电池是采用稀硫酸作电解液，用二氧化铅和绒状铅分别作为电池的正极和负极的酸性蓄电池。它通常按用途、结构和维护方式来分类，实际上我国铅酸蓄电池产品型号的中间部分就包含其类型。通常铅酸蓄电池型号用三段式来表示：第一段用数字表示串联的单体电池数，第二段用两组字母分别表示其用途和特征，第三段用数字表示额定量。如型号 6DAW150 表示为由 6 个单体电池串联组合（通常单体电池电压为 2.0 V）成为额定电压 12 V，用于电动道路车辆的干荷电式、免维护及额定容量为 150 Ah 的蓄电池。其中特征就是按其结构和维护方式来划分的。表 2-2 中列出了铅酸蓄电池型号中表示用途和特征的两组拼音字母含义。

表 2-2　蓄电池型号含义

表示蓄电池用途		表示蓄电池特征	
字母	含　义	字母	含　义
Q	起动用（起动发动机，要求大电流放电）	A	干荷电式（极板处于干燥的荷电状态）
G	固定用（固定设备中作保护等备用电源）	F	防酸式（电池盖装有防酸栓）
D	电池车（作牵引各种车辆的动力电源）	FM	阀控式（电池盖设有安全阀）
N	内燃机车（用于内燃机车起动和照明等）	W	无须维护（免维护或少维护）

表示蓄电池用途		表示蓄电池特征	
字母	含　义	字母	含　义
T	铁路客车（用于车上照明等电器设备）	J	胶体电解液（电解液使用胶状混合物）
M	摩托车用（摩托车起动和照明）	D	带液式（充电态带电解液）
KS	矿灯酸性（矿井下照明等）	J	激活式（用户使用时需激活方式激活）
JC	舰船用（潜艇等水下作业设备）	Q	气密式（盖子的注酸口装有排气栓）
B	航标灯（航道夜间航标照明）	H	湿荷式（极板在电解液中浸渍过）
TK	坦克（用于坦克起动及其用电设备）	B	半密闭式（电池槽半密封）
S	闪光灯（摄像机等用）	Y	液密式

2. 铅酸蓄电池的工作原理

铅酸蓄电池放电和充电的反应过程，是铅酸蓄电池活性物质进行可逆化学变化的过程。它们可以用下列化学反应方程式表示为

$$PbO_2 + 2H_2SO_4 + Pb \rightleftharpoons PbSO_4 + 2H_2O + PbSO_4$$

铅酸蓄电池在放电时，化学反应由左向右进行，其相反的过程为充电过程的化学反应。

放电时，负极板中的每个铅分子从硫酸电解液中吸收一个硫酸根离子（一个硫四个氧离子组成的带电原子团）组成硫酸铅，自己却放出两个电子送到正极板；正极板的二氧化铅在吸收电子的同时，自硫酸电解液中吸收一个硫酸根离子化合成硫酸铅，并放出两个氧离子；电解液中硫酸的一个分子被铅吸收一个硫酸根离子后余下两个氢离子，当二氧化铅放出两个氧离子时，就和这四个氢离子自动结合成两个水分子。所以在放电时电解液中水的成分增加，而硫酸的成分减少。

充电时，负极板的硫酸铅自电源中取得两个电子后就放出一个硫酸根离子于电解液中，而自己变为铅；正极板中的硫酸铅则放出两个氧气，自己变为二氧化铅；负极板放出的一个硫酸根离子与正极板放出的一个硫酸根离子和电解液中剩下的四个氢离子化合成两个硫酸分子。所以在充电时电解液中的水分逐渐减少而硫酸的成分逐渐增加。

由于铅酸蓄电池在放电时其 H_2SO_4 的浓度会逐渐减小，因此，可以用比重计来测定硫酸的密度，再由铅酸蓄电池电解液密度确定铅酸蓄电池电解液的放电程度。单体铅酸蓄电池的电压为 2 V，在使用或存放一段时间后，当电池电压降低到 1.8 V 以下，或 H_2SO_4 溶的密度下降到 1.2 g/cm³ 时，铅酸蓄电池就必须充电，如果电压继续下降，则铅酸蓄电池将可能损坏。

3. 铅酸蓄电池的构造

汽车所用的普通铅酸蓄电池如前面蓄电池构造所述，正负极板浸入稀硫酸电解液中成为单体电池。每个单体电池的标称电压为 2 V，为增加铅酸电池的容量，一般由多块极板组成极群，即多块正极板和多块负极板分别用连接条（汇流排）焊接在一起，共同组成电池（Battery）。电动汽车的辅助电源及传统内燃机汽车用的 12 V 铅酸起动电池就是由 6 个独立的

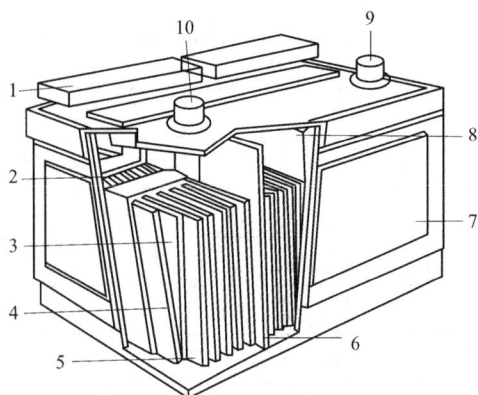

图 2-11　铅酸蓄电池构造

1—排气阀；2—汇流排；3—隔板；4—负极板；
5—正极板；6—单体隔板；7—壳体；
8—电解液；9—正极柱；10—负极柱

铅酸电池单体组成的，而电动汽车的动力电池组则为多个电池以多种方式组合成的大容量电池。铅酸蓄电池的构造如图 2-11 所示。

1）极板

极板是电池的基本部件，它的作用是接收充入的电能和向外释放电能。极板由栅架和活性物质组成，分为正极板和负极板，如图 2-12 所示。正极板上的活性物质是棕红色的二氧化铅（PbO_2），负极板上的活性物质是青灰色的海绵状纯铅（Pb）。蓄电池的极板栅架如图 2-13 所示，一般由铅锑合金铸成，其作用是固结活性物质。为了降低蓄电池的内阻、改善蓄电池的起动性能，有些铅蓄电池采用了放射型栅架结构，如图 2-13 所示。

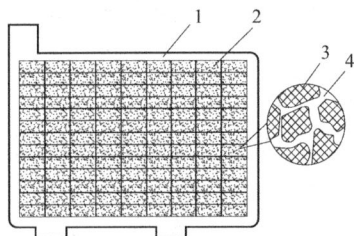

图 2-12　蓄电池的极板结构

1—栅架；2—活性物质；3—颗粒；4—孔隙

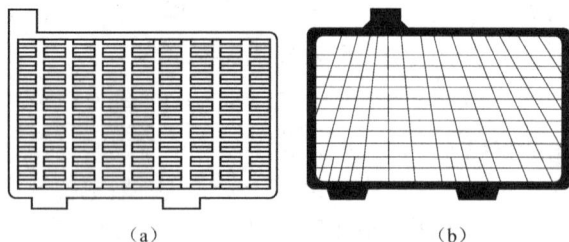

图 2-13　蓄电池的极板栅架

（a）网格型栅架；（b）放射型栅架

将正、负极板各一片浸入电解液中，可获得 2 V 左右的电动势。为了增大蓄电池的容量，常将多片正、负极板分别并联，组成正、负极板组，如图 2-14 所示。在每个单格电池中，正极板的片数要比负极板少一片，这样每片正极板都处于两片负极板之间，可使正极板两侧放电均匀，避免因放电不均造成极板拱曲。

2）隔板

隔板放置在正、负极板之间，以避免其接触而短路。隔板一面平整，一面有沟槽，沟槽应面对着正极板且与底部垂直，以便充放电时电解液能通过沟槽及时供给正极板，当正极板上的活性物质二氧化铅脱落时能迅速通过沟槽沉入容器底部。

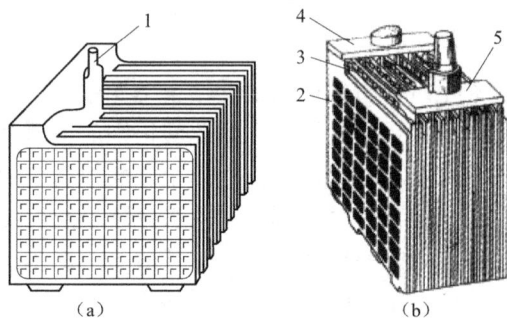

图 2-14　正负极板组

（a）极板组；（b）极板组总成
1—极柱；2—极板；3—隔板；4—横板

3）电解液

电解液由纯净硫酸和蒸馏水按一定比例配制而成，也叫稀硫酸。蓄电池的电解液密度一般为 $1.24\sim1.30$ g/cm³。电解液的密度对蓄电池的工作有重要影响，密度大，可减少结冰的危险并提高蓄电池的容量，但密度过大，则黏度大，反而会降低蓄电池的容量，缩短其使用寿命。使用时，电解液的密度应根据地区、气候条件和制造厂家的要求而定。

4）外壳

蓄电池每组极板所产生的电动势大约为 2 V，要想获得更高的电动势，通常要将多组极板串联起来。因此，在制造蓄池外壳时，将一个电池外壳分成若干个单格，每个单格的底部制有凸筋，用来搁置极板组，如图 2-15 所示。凸筋之间的空隙可以积极板的脱落物质，防止正、负极板短路。

各单格电池之间采用铅质连接条串联起来，分为传统内部穿壁式连接、跨越式连接和外露式连接三种方式，如图 2-16 所示。目前，蓄电池采用内部穿壁或跨越式连接方式。内部穿壁式连接方式是在相邻单格电池之间的间壁上打孔使连接条穿过，将两个单格电池的极板组极柱连接在一起。跨越式连接在相邻单格电池之间的间壁上边留有豁口，连接条通过豁口跨越间壁将两个单格电池的极板组极柱连接，所有连接条均布置在整体盖的下面。

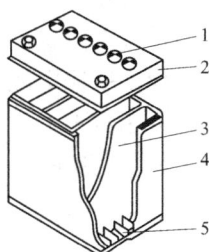

图 2-15 蓄电池外壳

1—注入口；2—盖；3—隔板；
4—蓄电池壳体；5—凸筋

图 2-16 连接单格电池的三种方式

（a）跨越式连接；（b）内穿壁式连接；（c）外露式连接
1—间壁；2—外壳

加液孔用来向蓄电池单格内加注电解液或蒸馏水，加液孔盖上有通气小孔，以保证蓄电池内部压力与大气压力的平衡。

2.2.6 锂离子电池

以两种不同的、能够可逆地插入及脱出锂离子的嵌锂化合物，分别作为电池正、负极的二次电池即为锂离子电池。锂离子电池是由锂原电池改进而来的。锂原电池的正极材料是二氧化锰 MnO_2 或亚硫酰氯 $SOCl_2$，负极是锂，电池组装完成后无须充电即有电压，这种电池虽也可充电，但循环性能不好，在充放电循环过程中容易形成锂枝晶，造成电池部短路，所以这种电池是不允许充电使用的。日本索尼公司在 1991 年研发成功了以炭材料为负极的锂离子电池，它可进行可逆反应，不过该反应不再是一般电池中的氧化—还原反应，而是锂离子在充放电过程中可逆地在化合物晶格中嵌入和脱出反应。当对电池进行充电时，电池的正极上有锂离子生成，生成的锂离子经过电解液运动到达负极。而作为负极的碳呈层状结构，它有很多微孔，到达负极的锂离子就嵌入到碳层的微孔中，嵌入的锂离子越多，充电容量越高。同样，当对电池进行放电时，嵌在负极碳层中的锂离子脱出，又运动回到正极，回正极的锂离子越多，放电容量越高。在充放电过程中，锂离子如同一把摇椅在正、负极两个电极之间往返嵌入和脱出，因此锂离子电池也被形象地称为"摇椅式电池"。锂离子电池的电极反应表达式分别为

正极反应式：

$$LiMO_2 \rightarrow Li_{1-x}MO_2 + xLi^+ + xe$$

负极反应式：

$$nC + xLi+ + xe \rightarrow Li_xC_x$$

电池反应式：

$$LiMO_2 + nC \rightarrow Li_{1-x}MO_2 + Li_xC_n$$

式中，M——Co、Ni、W、Mn 等金属元素。

1. 普通锂离子电池的特点

单体电池工作电压高达 3.7 V，是镍—镉电池、镍—氢电池的 3 倍，铅酸蓄电池的 2 倍；重量轻；比能量大，高达 150 Wh/kg，是镍—氢电池的 2 倍、铅酸电池的 4 倍，因此重量是相同能量的铅酸电池的 1/3～1/4；体积小，高达到 400 Wh/L，是铅酸电池的 1/3～1/2；提供了合理的结构和更美观的外形设计条件、设计空间和可能性；循环寿命长，循环次数可达 1 000 次。以容量保持 60% 计，电池组 100% 充放电循环次数可以达到 600 次以上，使用年限可达 3～5 年，寿命为铅酸电池的 2～3 倍；自放电率低，每月不到 5%；允许工作温度范围宽，锂离子电池可在 –20 ℃～55 ℃条件下工作；无记忆效应，所以每次充电前无须像镍—镉电池、镍—氢电池一样放电，可以随时随地进行充电；电池充放电深度对电池的寿命影响不大，可以全充全放；无污染，锂离子电池中不存在有毒物质，因此被称为"绿色电池"，而铅酸蓄电池和镍—镉电池由于存在有害物质铅和镉，故环境污染问题严重。

2. 锂离子电池的结构原理

根据锂离子电池所用电解质材料不同，可以分为液态锂离子电池和聚合物锂离子电池两大类。它们的主要区别在于电解质不同，液态锂离子电池使用的是液体电解质，而聚合物锂离子电池则以聚合物电解质来代替。不论是液态锂离子电池还是聚合物锂离子电池，它们所用的正负极材料都是相同的，工作原理也基本一致。液态锂离子电池的负极材料采用碳材料，主要有石墨、微珠碳、石油焦、碳纤维、裂解聚合和裂解碳等；正极材料主要有 $LiCoO_2$、$LiNiO_2$、$LiMn_2O_4$ 等，其中 $LiCoO_2$ 应用较为广泛，可逆性、放电容量、充放电率、电压稳定性等性能均较好。电解质为液态，其溶剂为无水有机物。隔膜采用聚烯类多孔膜，如 PE、PP 或复合膜。外壳采用钢或铝材料，盖体组件具有防焊、断电的功能。聚合物锂离子电池又称为高分子锂电池，属第二代锂离子电池。聚合物锂离子电池由多层薄膜组成，第一层为金属箔集电极，第二层为负极，第三层为固体电解质，第四层为正极，第五层为绝缘层。负极采用高分子导电材料、聚乙炔、人造石墨、聚苯胺或聚对苯酚等，正极采用 $LiCoO_2$、$LiNiO_2\backslash LiMn_2O_4$ 和 $Li(CFSO_2)_2$ 等；电解质为胶体电解质如有机碳酸酯混合物等。下面把锂离子电池的几种典型正极材料的特性比较列于表 2–3 中。

表 2–3 锂离子电池正极材料特征比较

项目	钴酸锂 $LiCoO_2$	镍钴锰 $LiNiCoMnO_2$	锰酸锂 $LiMn_2O_4$	磷酸铁锂 $LiFePO_4$
振实密度/（g·cm^{-3}）	2.8～3.0	2.0～2.3	2.2～2.4	1.0～1.4
比表面积/（m^2·g^{-1}）	0.4～0.6	0.2～0.4	0.4～0.8	12～20
克容量/（mA·h·g^{-1}）	135～140	155～165	100～115	130～140

项目	钴酸锂 $LiCoO_2$	镍钴锰 $LiNiCoMnO_2$	锰酸锂 $LiMn_2O_4$	磷酸铁锂 $LiFePO_4$
电压平台/V	3.6	3.5	3.7	3.2
原料、成本	贫乏，很高	贫乏，高	丰富，较低	非常丰富，低廉
安全性能	差	较好	良好	优秀
适用领域	小电池	小电池/小型动力电池	动力电池	动力电池/超大容量电源

锂离子电池正、负极及电解质材质上的差异使其具有不同的性能，尤其是正极材料对电池的性能影响最大。锂离子电池有方形和圆柱形两种，如图2-17和图2-18所示。

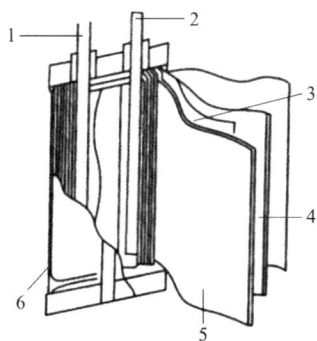

图2-17　方形锂离子电池

1—负极柱；2—正极柱；
3—隔膜；4—负极板；
5—正极板；6—外壳；

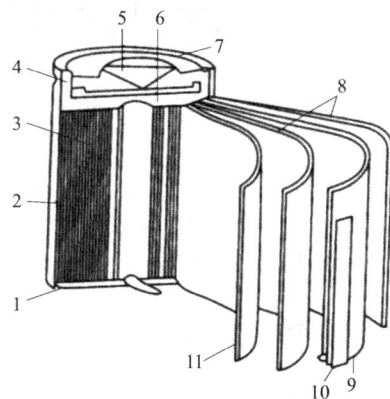

图2-18　圆柱形锂离子电池

1—绝缘体；2—负极柱；3—绝缘体；4—密封圈；
5—顶盒；6，11—正极；7—安全排气阀；8—隔膜；
9—负极；10—负极板

3. 磷酸铁锂电池

磷酸铁锂（$LiFePO_4$）动力电池是以磷酸铁锂作为正极材料的锂离子电池，虽在2002年出现，但从目前各种锂离子电池的性能对比中可以看出，磷酸铁锂电池是目前最适合于电动汽车产业化运用的锂离子电池，中国汽车技术发展报告（2014—2015）中的数据显示，2013年磷酸铁锂电池装车总容量为82.1万kW·h，占各类型电池装车总量的95%。磷酸铁锂电池有以下特点：

（1）高效率输出。标准放电为2C～5C，连续高电流放电可达10C，瞬间脉冲放电（10 s）可达20C。

（2）高温时性能良好。外部温度65℃时内部温度则高达95℃，电池放电结束时温度可达160℃。

（3）电池的安全性好。即使电池内部受到伤害，电池也不燃烧、不爆炸，安全性好。

（4）经500次循环，其放电容量仍大于95%。

磷酸铁锂电池的结构与工作原理如图2-19所示。$LiFePO_4$作为电池的正极，由铝箔电池正极接线柱连接，中间是聚合物的隔膜，它把正极与负极隔开，锂离子（Li^+）可以通过而电子（e⁻）不能通过；由碳（石墨）组成的电池负极，由铜箔与电池的负极线柱连接。电池的上下端之间是电解质，电池由金属外壳密闭封装。磷酸铁锂电池在充电时，正极中的锂离子通过聚合物隔膜向负极迁移；放电过程中，负极中的锂离子通过隔膜向正极迁移。锂离子电池就是因锂离子在充放电时来回迁移而命名的。锂离子电池的特点是充、放电时，只是锂离子在两极之间移动，电解液不发生变化。

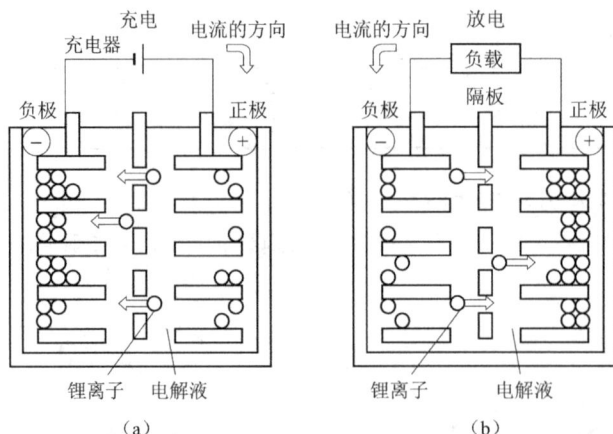

图 2-19　磷酸铁锂电池的结构和工作原理

（a）在充电时，锂化合物正极材料中的锂离子通过隔板移动到作为负极的炭精材料的层间，形成充电电流；

（b）在放电时，负极炭精材料层间的锂离子通过隔板移动到锂化合物正极材料中，形成放电电流

2.2.7　镍—氢电池

1. 镍—氢电池的特点

镍—氢电池是一种碱性电池，标称电压为 1.2 V，比能量可达到 70～80 Wh/kg，有利于延长电动汽车的行驶里程；比功率可达到 200 W/kg，是铅酸蓄电池的 2 倍，能够提高车辆的起动性能和加速性能；有高倍率的放电特性，短时间可以 3C 放电，瞬时脉冲放电率很大；过充和过放电性能好，能够带电充电，并可以快速充电，在 15 min 内可充 60%的容量，1 h 内可完全充满，应急补充充电的时间短；在 80%的放电深度下，循环寿命可达到 1 000 次以上，是铅酸电池的 3 倍；采用全封闭外壳，可以在真空环境中正常工作；低温性能较好，能够长时间存放；没有 Pb 和 Cd 等重金属元素，不会对环境造成污染；可以随充随放，不会出现其他电池在没有放完电后即充电而产生的"记忆效应"。

镍—氢电池用于电动汽车，主要优点是：起动、加速性能好，一次充电后的行驶里程较长，不会对周围环境造成污染，易维护，快速补充充电时间短。

镍—氢电池在充电过程中容易发热，发热产生的高温会对镍氢—电池产生负面影响。高温状态下，正极板的充电效率较差，并会加速正极板的氧化，使电池寿命缩短。镍—氢电池在充电后期会产生大量的氧气，在高温环境条件下将加速储氢合金氧化，并使储氢合金平衡压力增加，使储氢合金的储氢量减少而降低镍—氢电池的性能。尼龙无纺布隔膜在高温作用下会发生降解和氧化。尼龙无纺布隔膜发生降解时，会产生氨根离子和硝酸根离子，加速了镍—氢电池的自放电；尼龙无纺布隔膜发生氧化时，氧化成碳酸根，使镍—氢电池的内阻增加。在镍—氢电池充电的过程中，电池温度迅速升高，会使充电效率降低，并产生大量氧

气，如果安全阀不能及时开启，会有发生爆炸的危险。

在镍—氢电池的制造技术上进行一些改进，例如：正极板采用多极板技术而负极板采用端面焊接技术，在电解液中适当加入 LiOH 和 NaOH，采用抗氧化能力强的聚丙烯毡做隔膜等，可以有效地提高镍—氢电池的耐高温能力。在镍—氢动力电池组的单体镍—氢电池之间，加大散热间隙，采取有效的散热措施和建立自动热管理系统，以保证镍氢电池正常工作并延长使用寿命。

镍—氢电池的成本很高，达 600～800 美元/（kW·h）。不同的储氢合金具有不同的储氢能力，价格也不相同。我国自行研制了稀土系的储氢合金，已达到世界水平，为我国生产镍—氢电池提供了有利条件。目前高档电动车多采用镍—氢电池或锂离子电池。

2. 镍—氢电池的构造

镍—氢电池正极是活性物质氢氧化镍，负极是储氢合金，用氢氧化钾作为电解质，在正、负极之间有隔膜，共同组成镍—氢单体电池，在金属铂催化作用下，完成充电和放电的可逆反应。在电池充电过程中，水在电解质溶液中分解为氢离子和氢氧离子，氢离子被负极吸收，负极由金属转化为金属氢化物；在放电过程中，氢离子离开了负极，氢氧离子离开了正极，氢离子和氢氧离子在电解质氢氧化钾中结合成水并释放电能。

镍氢电池的正极是球状氧化镍粉末与添加剂、塑料和黏合剂等制成的涂膏，用自动涂膏机涂在正极板上，然后经过干燥处理成发泡的氢氧化镍正极板。在正极材料 $Ni(OH)_2$ 中添加 Ca、Co、Zn 或稀土元素，对稳定电极性能有明显的改进。采用高分子材料作为黏合剂，或用挤压和轧制成的泡沫镍电极，并采用镍粉、石墨等作为导电剂时，可以提高大电流时的放电性能。

镍—氢电池负极的关键技术是储氢合金，要求储氢合金能够稳定地经受反复的储气和放气循环。储氢合金是一种允许氢原子进入或分离多金属合金的晶格基块，是由钛—钒—锆—镍—铬（Ti–V–Zr–Ni–Cr）五种基本元素，并与钴、锰等金属烧结的合金，其经过加氢、粉碎、成形和烧结成负极板。储氢合金的种类和性能，对镍—氢电池的性能有直接的影响。负极在充电或放电过程中既不溶解，也不结晶，电极不会有结构性的变化，在保持自身化学功能的同时，还保证了本身的机械坚固性。储氢合金一般需要进行热处理和表面处理，以增加储氢合金的防腐性能，这有利于提高镍—氢电池的比能量、比功率和使用寿命。

镍—氢电池的特征与镍—镉电池基本相同，但氢气是没有毒性的物质，无污染，安全可靠，使用寿命长，而且不需要补充水分。镍—氢电池正常充、放电时的化学反应式如下：

正极反应：

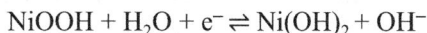

$$NiOOH + H_2O + e^- \rightleftharpoons Ni(OH)_2 + OH^-$$

负极反应：：

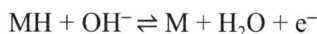

$$MH + OH^- \rightleftharpoons M + H_2O + e^-$$

电池总反应：

$$NiOOH + MH \rightleftharpoons Ni(OH)_2 + M \rightarrow 放电 \leftarrow 充电$$

镍—氢电池充、放电反应机理如图 2–20 所示。

镍—氢电池的极板有发泡体和烧结体两种，发泡体极板的镍—氢电池在出厂前必须进行预充电，且放电电压不能低于 0.9 V，工作电压也不太稳定，特别是在存放一段时间后，会有近 20% 的电荷流失，老化现象比较严重。为避免发泡镍氢电池老化造成内阻增高，镍—氢电池在出厂前必须进行预充电，使其电压平衡、稳定，具有低温放电性能好、不易老化和寿

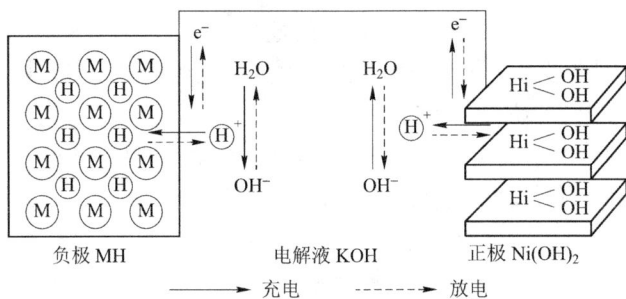

图 2-20　镍—氢电池充、放电反应机理

命长的优点。

镍—氢电池的基本单元是单体电池，每个单体电池都由正极板、负极板及装在正极板和负极板之间的隔板组成。其外形有圆形和方形两种，每节电池的额定电压为 13.2 V（充电时最大电压 16.0 V），然后将电池按使用要求组合成不同电压和不同容量的镍—氢电池总成（电池组）。该种镍—氢电池的比能量可达到 70 Wh/kg，能量密度达到 165 Wh/L，比功率在 50% 的放电深度下为 220 W/kg，在 80% 的放电深度下为 200 W/kg。

本田 Insight 镍—氢电池组如图 2-21 所示。电池系统是由原电动汽车电池改良而成的，电池组置于行李舱底板，由 120 个松下 1.2 V 镍氢电池组成，串联合计电压为 144 V，支持电流输入 50 A、输出 100 A，系统限制容量可采用 4 Ah，以延长电池寿命。新 Insight 搭载 1.3 L 发动机。本田研发的经济油耗驾驶辅助系统能够有效提高燃油经济性，起步和加速时电动系统自动调节功率输出，从而实现混合动力模式百公里理想油耗 4.34 L，二氧化碳排放量低于 100 g/km。纯电动模式下，该车能达到 50 km/h，适合城市路况。

图 2-22 所示为普锐斯汽车的镍—氢电池组，重 53.3 kg，由 28 组松下棱柱镍—氢电池模块构成，每个模块又分别载有 6 个 1.2 V 电池，总计 168 个电池，串联标称电压合计 201.6 V，比上一代的 38 组 228 个电池有所减少。

图 2-21　本田 Insight 镍—氢电池组

图 2-22　普锐斯镍—氢电池组

2.2.8　动力电池一致性

电池一致性是指同一规格型号的单体电池组成电池组后，其电压、荷电量、容量及其衰退率、内阻及其变化率、寿命、温度影响、自放电率等参数存在一定的差别。不一致产生的原因主要有以下两个方面：

（1）在制造过程中，由于工艺上的问题和材质的不均匀，使得电池极板活性物质的活化程度和厚度、微孔率、连条、隔板等存在很微小的差别，这种电池内部结构和材质上的不完全一致性，就会导致同一批次出厂的同一型号电池的容量、内阻等参数不可能完全一致；

（2）在装车使用时，由于电池组中各个电池的温度、通风条件、自放电程度、电解液密度等差别的影响，导致在一定程度上增加的电池电压、内阻及容量等参数不一致。

1. 电池一致性的分类

根据使用中电池组不一致性扩大的原因和对电池组性能的影响方式，可以把电池的一致性分为容量一致性、电压一致性和电阻一致性。

1）容量一致性

电池组在出厂前的分选试验可以保证单体初始容量一致性较好，也可以在使用过程中通过电池单体单独充、放电来调整单体初始容量，使之差异性较小，所以初始量不一致不是电动车辆电池成组应用的主要矛盾。实际应用的容量一致性是指电池在放电过程中所剩余的电量不相等，对于电池剩余电量 C 可表示如下：

$$C = C_0 - \int I_b(t)dt$$

上式表明电池组实际容量不一致主要与电池起始容量 C_0 和放电电流 I_b 有关。

电池起始容量受电池循环工作次数影响显著，越接近电池寿命周期后期，实际容量不一致就越明显。图 2-23 所示为某类型锂离子电池循环寿命对起始容量的影响特性，可以发现随着电池循环次数的增加，电池的起始容量减少，并且充电过程中恒压时间加长，同时电池在放出相同容量的电量时电压有所下降。例如，同样放出 40 Ah 电量，同样的放电电流，循环 10 次时电池的放电电压是 3.7 V，而循环 600 次时电池的放电电压是 3.5 V，这主要是由于电池内阻随电池充放电次数的增多而增大所致。同时电池起始容量还与电池容量衰减特性有关，受电池储存温度、电池荷电状态（SOC）等因素影响。表 2-4 所示为某类型锂离子电池容量衰减特性，从中可得出电池容量的衰减随着储存温度、储存荷电状态（SOC）的增大而加大，例如，SOC=100%的电池在 40 ℃环境下保存 1 年后容量衰减 30%。

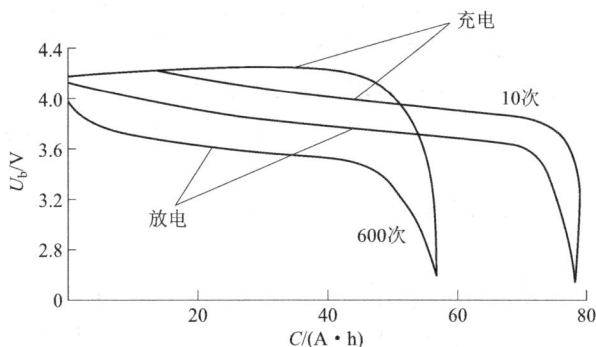

图 2-23　锂离子电池循环寿命对起始容量的影响特性

表 2-4　锂离子电池容量衰减特性

温度 时间/年 SOC	20 ℃			40 ℃		
	0.25	0.5	1	0.25	0.5	1
0	0	0	0	0	0	0
50%	5%	6%	6%	6%	10%	11
100	11%	14%	17%	19	26	30

电池组实际放电容量的不一致性还与电池放电电流有关。串联电池组由于流经电流相等，可认为对单体电池影响相同。但对于并联电池组，其模型简化表达如图 2-24 所示，电路方程如下

$$\sum E_{1i} - i_1 \sum r_{1i} = \sum E_{2i} - i_2 \sum r_{2i}$$

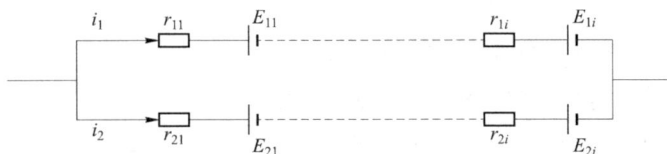

图 2-24　电池并联简化模型

假设并联电池组每个单体起始电动势 E 相等，即 $\sum E_{1i} = \sum E_{2i}$，但内阻 r 是不一样的，使得 $i_1 \neq i_2$，由电路方程式可知，电池组实际容量将出现差异。所以，在电池组实际使用过程中，容量不一致主要是电池初始容量不一致和放电电流不一致综合影响的结果。

2）电压一致性

电压不一致的主要影响因素在于并联组中电池的互充电，当并联电池组中一节电池电压低时，其他电池将给此电池充电。并联电压不一致性如图 2-25 所示，设 V_1 的端电压低于 V_2 的端电压，则电流方向如图 2-25 所示，如同电池充电电路。

这种连接方式，低压电池容量小幅增加的同时高压电池容量急剧降低，能量将损耗在互充电的过程中而达不到预期的对

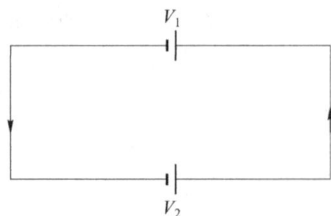

图 2-25　并联电压不一致性

外输出。若低压电池和正常电池一起使用，将成为电池组的负载，影响其他电池的工作，进而影响整个电池组的寿命。所以，在电池组不一致明显增加的深放电阶段，不能再继续行车，否则会造成低容量电池过放电，影响电池组使用寿命。电池静态（电池静止 1 h 以上）开路电压在一定程度上是电池 SOC 的集中表现。由于电池 SOC 在一定范围内还与电池开路电压呈线性关系，故开路电压不一致也在一定程度上体现了电池能量状态的不一致。

3）内阻一致性

电池内阻不一致使得电池组中每个单体在放电过程中热损失的能量各不相同，最终会影响电池单体能量状态。

（1）串联组。串联组中电流相同，内阻大的电池，能量损失大，产生热量多，温度升高快。若电池组的散热条件不好，热量不能及时散失，电池温度将持续升高，可能导致电池变形甚至爆炸等严重后果。在充电过程中，由于内阻不同，分配到串联组每个电池的充电电压不同，将使电池充电电压不一致。随着充电过程的进行，内阻大的电池电压可能提前达到充电的最高电压极限。由此，为了防止内阻大的电池过充电和保证充电安全，不得不在大多数电池还未充满的情况下停止充电。

（2）并联组。在放电过程中，内阻大的电池，电流小；反之，内阻小的电池，电流大。从而使电池在不同的放电率下工作，影响电池组的寿命。在充电过程中，由于内阻不同，分配到并联组的充电电流不同，所以相同时间内充电容量不同，即电池的充电速度不同，从而影响整个充电过程。在实际充电过程中，只能在防止充电快的电池过充和防止充电慢的电池充不满之间采取折中的方案。

2. 提高电池一致性的措施

电池组的一致性是相对的，不一致性是绝对的。电池的不一致性在生产阶段就已经产生了，在应用过程中，需要采取一定的措施，减缓电池不一致性扩大的趋势或速度。根据动力电池应用经验和试验研究，常采用以下 8 项措施，以保证电池组寿命逐步趋于单体电池的使用寿命。

（1）提高电池制造工艺水平，保证电池出厂质量，尤其是初始电压的一致性。同一批次电池出厂前，以电压、内阻及电池转化成的数据为标准进行参数相关性分析，筛选相关性良好的电池，以此来保证同批电池的性能尽可能一致。

（2）在动力电池成组时，务必保证电池组采用同一类型、同一规格、同一型号的电池。

（3）在电池组使用过程中检测单电池参数，尤其是动、静态情况下（电动汽车停驶或行驶过程中）电压的分布情况，掌握电池组中单电池不一致性的发展规律，对极端参数电池及时进行调整或更换，以保证电池组参数不一致性不随使用时间而增大。

（4）对使用中发现的容量偏低的电池，进行单独维护性充电，使其性能恢复。

（5）间隔一定时间对电池组进行小电流维护性充电，促进电池组自身的均衡和性能恢复。

（6）尽量避免电池过充电，尽量防止电池深度放电。

（7）保证电池组具有良好的使用环境，尽量保证电池组温度场均匀，减小振动，避免水、尘土等污染电池极柱。

（8）采用电池组均衡系统，对电池组的充、放电进行智能管理。

✿ 2.3 动力电池管理系统

电池管理系统（Battery Management System，BMS）是用来对蓄电池组进行安全监控及有效管理，以提高蓄电池使用效率的装置，如图 2–26 所示。对于电动车辆而言，通过该系统对电池组进行充、放电的有效控制，可以达到增加续驶里程、延长使用寿命、降低运行成本的目的，并可保证动力电池组应用的安全性和可靠性。目前，动力电池管理系统已经成为电动汽车不可缺少的核心部件之一。

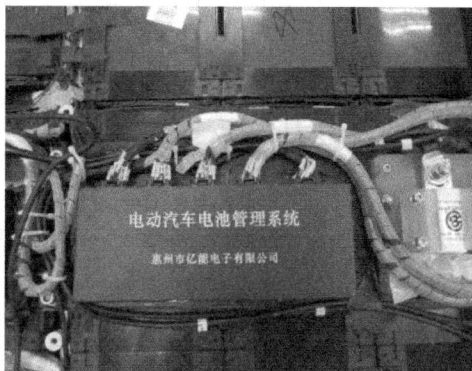

图 2–26 电池管理系统

2.3.1 基本构成及功能

对电池管理系统功能和用途的理解是随着电动车辆技术的发展逐步丰富起来的。最早的电池管理系统仅仅进行电池一次测量参数（电压、电流、温度等）的采集，之后发展到二次参数（SOC、内阻）的测量和预测，并根据极端参数进行电池状态预警。现阶段电池管理系统除能完成数据测量和预警功能外，还可通过数据总线直接参与车辆状态的控制。

电池管理系统的主要工作原理可简单归纳为：数据采集，即电路采集电池状态信息数据后，电子控制单元（ECU）进行数据处理和分析，然后电池管理系统根据分析结果对系统内的相关功能模块发出控制指令，并向外界传递参数信息。

结构上，电池管理系统一般由一些传感器（用于测量电压、电流和温度等）、一个带微处理器的控制单元和一些输入/输出接口组成。BMS 最基本的作用是监控电池的工作状态（电池的电压、电流和温度），预测动力电池的 SOC 和相应的剩余行驶里程，管理电池的工作情况（避免出现过放电、过充电、温度过高和单体电池之间电压严重不平衡现象），以便最大限度地利用电池的存储能力和循环寿命。电池管理系统的核心数据处理和计算功能一般是由单片机来完成的，其构成原理如图 2-27 所示。

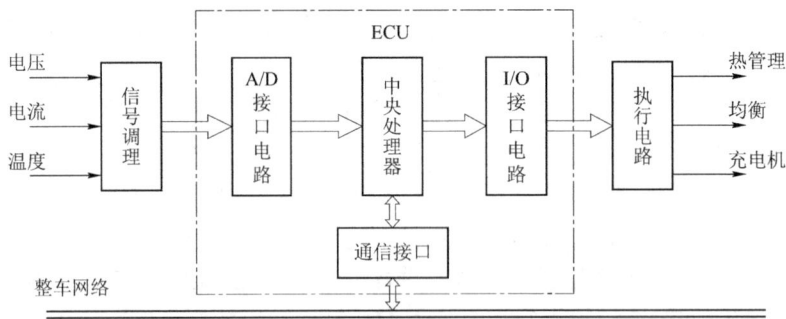

图 2-27　电池管理系统的构成原理图

功能上，电池管理系统主要包括数据采集、电池状态估计、能量管理、安全管理、热管理、均衡控制、通信功能和人机接口。图 2-28 所示为电池管理系统功能图。

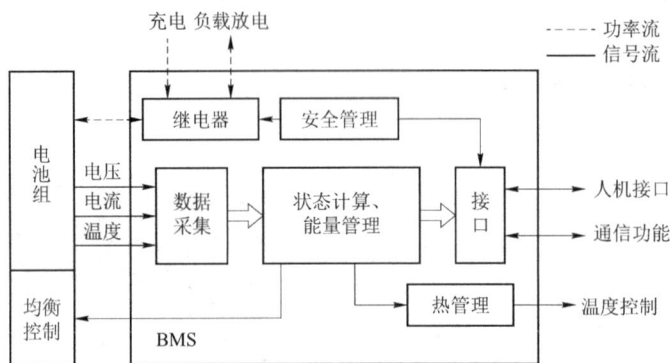

图 2-28　电池管理系统功能示意图

1. 数据采集

电池管理系统的所有算法都是以采集的动力电池数据作为输入，其中采样速率、精度和置滤波特性是影响电池系统性能的重要指标。电动汽车电池管理系统的采样速率一般要求大于 200 Hz（50 ms）。

2. 电池状态计算

电池状态计算包括电池组荷电状态（State of Charge，SOC）和电池组健康状态（State of Heath，SOH）两方面。SOC 用来提示动力电池组剩余电量，是计算和估计电动汽车续驶里程的基础；SOH 是用来提示电池技术状态、预计可用寿命等健康状态的参数。

3. 能量管理

能量管理主要包括以电流、电压、温度、SOC 和 SOH 为输入进行充电过程控制及以 SOC、

SOH 和温度等参数为条件进行放电功率控制两个部分。

4. 安全管理

监视电池电压、电流和温度是否超过正常范围，防止电池组过充过放。现在在对电池组进行整组监控的同时，多数电池管理系统已经发展到对极端单体电池进行过充、过放和过温等安全状态管理。

5. 热管理

在电池工作温度超高时进行冷却，低于适宜工作温度下限时进行电池加热，使电池处于适宜的工作温度范围内，并在电池工作过程中总保持电池单体间温度均衡。对于大功率放电和高温条件下使用的电池，电池的热管理尤为必要。

6. 均衡控制

电池的一致性差异导致的电池组的工作状态是由最差电池单体决定的。在电池组各个电池之间设置均衡电路，实施均衡控制的目的是使各单体电池充、放电的工作情况尽量一致，以提高整体电池组的工作性能。

7. 通信功能

通过电池管理系统实现电池参数和信息与车载设备或非车载设备的通信，为充放电控制、整车控制提供数据依据是电池管理系统的重要功能之一。根据应用需要，数据交换可采用不同的通信接口，如模拟信号、PWM 信号、CAN 总线或 12C 串行接口。

8. 人机接口

根据设计的需要设置显示信息以及控制按键等。

2.3.2 数据采集方法

1. 单体电压检测方法

电池单体电压采集模块是动力电池组管理系统中的重要一环，其性能好坏或精度高低决定了系统对电池状态信息判断的准确程度，并进一步影响了后续的控制策略能否有效实施。常用的单体电压检测方法有以下五种：

1）继电器阵列法

图 2–29 所示为基于继电器阵列法的电池电压采集电路原理框图，其由端电压传感器、继电器阵列、A/D 转换器、光耦合器和多路模拟开关等组成。如果需要测量 n 块电池串联成的电池组的端电压，就要将 $n+1$ 根导线引入电池组中各节点。当测量第 m 块电池的端电压时，单片机发出相应的控制信号，通过多路模拟开关、光耦合器和继电器驱动电路选通相应的继电器，将第 m 和 $m+1$ 根导线引到 A/D 转换芯片。通常开关器件的电阻都比较小，配合分压电路之后由于开关器件的电阻所引起的误差几乎可以忽略不计，而且整个电路结构简单，只有分压电阻和模数转换芯片以及电压基准的精度能够影响最终结果的精度，通常电阻和芯片的误差都可以做得很小。所以，在所需测量的电池单体电压较高且对精度要求也高的场合最适合使用继电器阵列法。

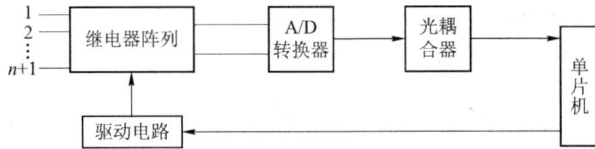

图 2-29 基于继电器阵列法的电池电压采集电路原理图

2）恒流源法

恒流源电路进行电池电压采集的基本原理是，在不使用转换电阻的前提下，将电池端电压转化为与之呈线性变化关系的电流信号，以此提高系统的抗干扰能力。在串联电池组中，由于电池端电压就是电池组相邻两节点间的电压差，故要求恒流源电路具有很好的共模抑制能力，一般在设计过程中多选用集成运算放大器来达到此目的。由于设计思路和应用场合的不同，恒流源电路会有多种不同形式，图 2-30 所示即为其中一种，它是由运算放大器和绝缘栅型场效应晶体管组合而成的减法运算恒流源电路。

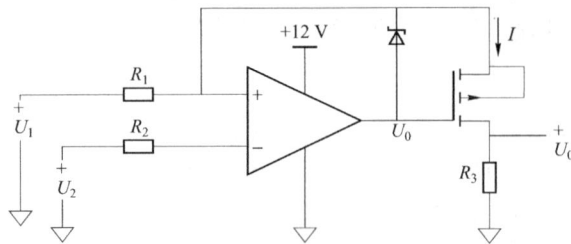

图 2-30　减法运算恒流源电路

3）隔离运算放大器采集法

隔离运算放大器是一种能够对模拟信号进行电气隔离的电子元件，广泛用作工业过程控制中的隔离器和各种电源设备中的隔离介质。一般由输入和输出两部分组成，二者单独供电，并以隔离层划分，信号经输入部分调制处理后经过隔离层，再由输出部分解调复现。隔离运算放大器非常适合应用于电池单体电压采集电路中，它能将输入电池端电压信号与电路隔离，从而避免了外界干扰而提高系统采集精度，增强其可靠性。下面以一个典型应用实例来说明。

图 2-31 所示为隔离运算放大器在 600 V 动力电池组管理系统中的应用，其中共有 50 块标定电压为 12 V 的水平铅蓄电池，其端电压被隔离运算放大器电路逐一采集。从图 2-31 中

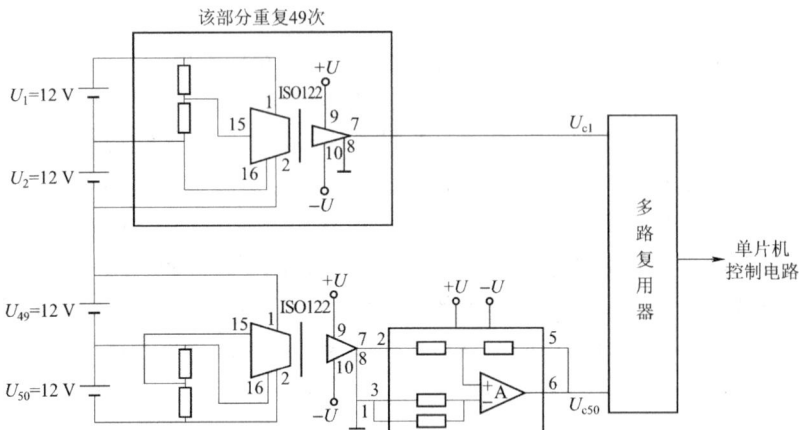

图 2-31　隔离运算放大器在 600 V 动力电池组管理系统中的应用——单片机控制电路

不难发现，ISO122 的输入部分电源就取自动力电池组，输出部分电源则出自电路板上的供电模块，电池端电压经两个高精密电阻分压后输入运算放大器，与之呈线性关系的输出信号经多路复用器后交于单片机控制电路处理。隔离运算放大器采集电路虽然性能优越，但是其较高的成本影响了其应用。

4）压/频转换电路采集法

当利用压频（V/F）转换电路实现电池单体电压采集功能时，压/频变换器的应用是关键，它是把电压信号转换为频率信号的元件，具有良好的精度、线性度和积分输入等。LM331 是美国 FS 公司生产的高性价比集成 V/F 芯片，采用了新的温度补偿带隙基准电路，在整个工作温度范围内和低至 4 V 电源电压以上都有极高的精度。

图 2-32 所示为 LM331 高精度压/频转换电路原理图，电压信号直接被转换为频率信号，即可进入单片机的计数器端口进行处理，而不需要 A/D 转换。此外，为了配合压/频转换电路在电池单体电压采集系统中的应用，相应选通电路和运算放大电路也需加以设计，以实现多路采集的功能，这种方法涉及的元件比较少，但是压控振荡器中含有电容器，而电容器的相对误差一般都比较大，而且电容越大相对误差也越大。

5）线性光耦合放大电路采集法

基于线性光耦合器件的电池单体电压采集电路实现了信号采集端和处理端之间的隔离，从而提高了电路的稳定性与抗干扰能力。从图 2-33 中不难看出，电池单体电压值（即 U_1

图 2-32 LM331 高精度压/频转换电路原理图

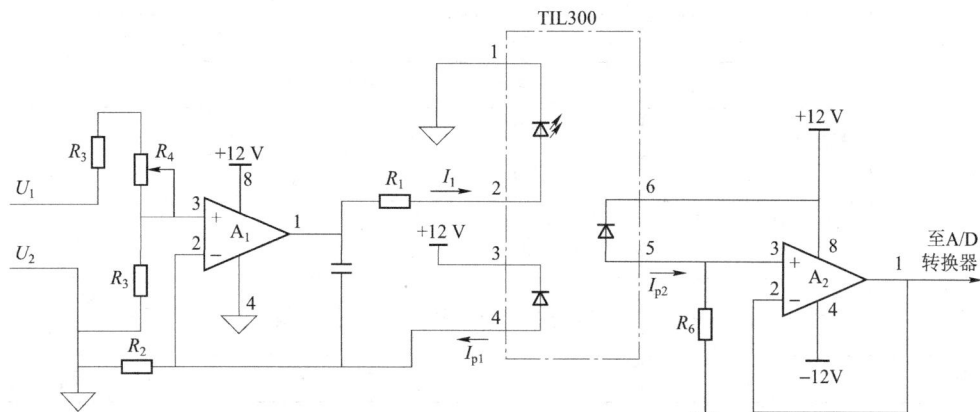

与 U_2 之差）经过运算放大器 A_1 后被转化为电流信号 I_{p1} 并流过线性光耦合器 TIL300，经光耦隔离后输出与 I_{p1} 呈线性关系的电流，再由运算放大器 A_2 转化为电压值得以进行 A/D 转换并完成采集。值得注意的是，线性光耦合器两端需要使用不同的独立电源，在图中分别标示为+12 V 和±12 V。可见，线性光耦合器放大电路不仅具有很强的隔离能力和抗干扰能力，还使模拟信号在传输过程中保持了较好的线性度，因此可以与继电器阵列或选通电路配合应

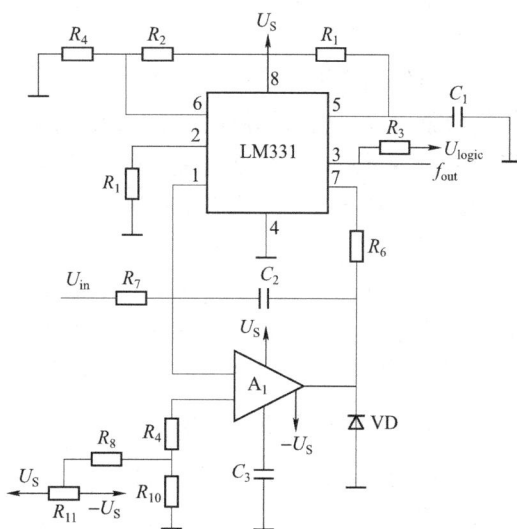

图 2-33 基于线性光耦合器 TIL300 的电池单体电压采集电路原理图

用于多路采集系统中。但其电路相对较复杂，影响精度的因素较多。

2. 电池温度采集方法

电池的工作温度不仅会影响电池的性能，而且直接关系到电动汽车使用的安全问题。因此，准确采集温度参数显得尤为重要。采集温度并不难，关键是如何选择合适的温度传感器。目前使用的温度传感器很多，比如热电偶、热敏电阻、热敏晶体管和集成温度传感器等。

1）热敏电阻采集法

热敏电阻采集法的原理是利用热敏电阻阻值随温度的变化而变化的特性，将一个定值电阻和热敏电阻串联起来构成一个分压器，从而把温度的高低转化为电压信号，再通过模/数转换得到温度的数字信息。热敏电阻成本低，但线性度不好，而且制造误差一般也比较大。

2）热电偶采集法

热电偶的作用原理是双金属体在不同温度下会产生不同的热电动势，通过采集这个电动势的值就可以查表得到温度的值。由于热电动势的值仅和材料有关，所以热电偶的准确度很高。但是由于热电动势都是毫伏等级的信号，所以需要放大，外部电路比较复杂。一般来说金属的熔点都比较高，所以热电偶一般均用于高温测量。

3）集成温度传感器采集法

由于温度的测量在日常生产、生活中用得越来越多，所以半导体生产商们推出了很多集成温度传感器。这些温度传感器虽然很多都是基于热敏电阻式的，但在生产的过程中都会进行校正，所以精度可以媲美热电偶，而且直接输出数字量，很适合在数字系统中使用。

3. 电池工作电流采集方法

常用的电流检测方法有分流器检测、互感器检测、霍尔元件电流传感器检测和光纤传感器检测等4种，各方法的特点见表2-5。其中，光纤传感器昂贵的价格影响了其在控制领域的应用；分流器成本低、频率响应好，但使用麻烦，必须接入电流回路；互感器只能用于交流测量；霍尔传感器性能好，使用方便。目前，在电动车辆动力电池管理系统电流采集与监测方面应用较多的是分流器和霍尔传感器。

表2-5 各种电流检测方法的特点

项 目	分流器	互感器	霍尔元件电流传感器	光纤传感器
插入损耗	有	无	无	无
布置形式	需插入主电路	开孔、导线传入	开孔、导线传入	—
测量对象	直流、交流、脉冲	交流	直流、交流、脉冲	直流、交流
电气隔离	无隔离	隔离	隔离	隔离
使用方便性	小信号放大，需隔离处理	使用较简单	使用简单	—
适用场合	小电流，控制测量	交流测量、电网监控	控制测量	高压测量，电力系统常用
价格	较低	低	较高	高
普及程度	普及	普及	较普及	未普及

2.3.3　电量管理系统

电池电量管理是电池管理的核心内容之一，对于整个电池状态的控制、电动车辆续驶里程的预测和估计具有重要的意义。SOC 估计的常用算法如下。

1. 开路电压法

开路电压法是最简单的测量方法，主要是根据电池组开路电压判断 SOC 的大小。由电池的工作特性可知，电池组的开路电压和电池的剩余容量存在着一定的对应关系。某动力电池组的电压与容量的对应关系如图 2-34 所示，随着电池放电容量的增加，电池的开路电压降低。由此可以根据一定的充、放电倍率时电池组的开路电压和 SOC 的对应曲线，通过测量电池组开路电压的大小，估算出电池 SOC 的值。

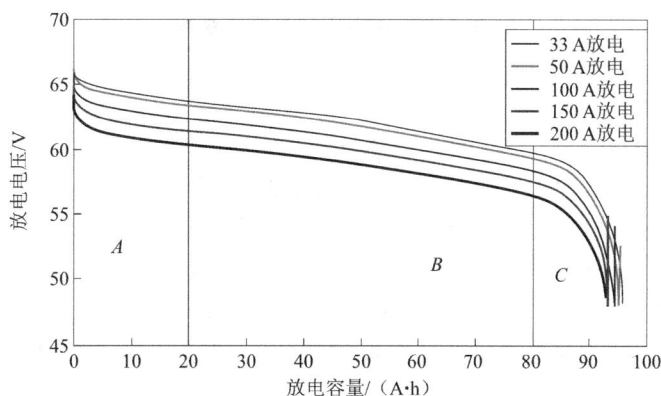

图 2-34　某动力电池组电压与容量的对应关系

2. 容量积分法

容量积分法是指通过对单位时间内，流入、流出电池组的电流进行累积，从而获得电池组每一轮放电能够放出的电量，确定电池 SOC 的变化。

3. 电池内阻法

电池内阻有交流内阻（常称交流阻抗）和直流内阻之分，它们都与 SOC 有密切关系。电池交流阻抗为电池电压与电流之间的传递函数，是一个复数变量，表示电池对交流电的反抗能力，要用交流阻抗仪来测量。电池交流阻抗受温度影响较大，是对其电池处于静置后的开路状态，还是对电池在充放电过程中进行交流阻抗测量，存在争议，所以很少在实车测量中使用。直流内阻表示电池对直流电的反抗能力，等于在同一个很短的时间段内，电池电压变化量与电流变化量的比值。在实际测量中，将电池从开路状态开始恒流充电或放电，以相同时间内负载电压和开路电压的差值除以电流值就是直流内阻。直流内阻的大小受计算时间段影响，若时间段短于 10 ms，则只有欧姆内阻能够检测到；若时间段较长，则内阻将变得复杂。准确测量电池单体内阻比较困难，这是直流内阻法的缺点。在某些电池管理系统中，通常将内阻法与 Ah 计量法组合使用来提高 SOC 的估算精度。

4. 模糊逻辑推理和神经网络法

模糊逻辑推理和神经网络是人工智能领域的两个分支，模糊逻辑接近人的形象思维方式，擅长定性分析和推理，具有较强的自然语言处理能力；神经网络采用分布式存储信息，具有很好的自组织和自学习能力。它们共同的特点是均采用并行处理结构，可从系统的输入、输出样本中获得系统输入、输出关系。电池是高度非线性的系统，可利用模糊推理与神经网络的并行结构和学习能力估算 SOC，如图 2-35 所示。

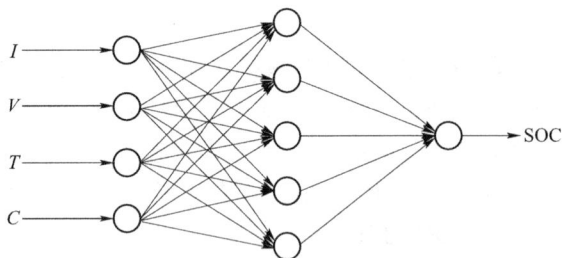

图 2-35　估算 SOC 神经网络结构图

5. 卡尔曼滤波法

卡尔曼滤波理论的核心思想是对动力系统的状态做出最小方差意义上的最优估算。卡尔曼滤波法应用于电池 SOC 估算，电池被称为动力系统，SOC 是系统的一个内部状态。卡尔曼滤波法适用于各种电池，与其他方法相比，尤其适合于电流波动比较剧烈的混合动力汽车电池 SOC 的估计，它不仅给出了 SOC 的估计值，还给出了 SOC 的估计误差。该方法的缺点是要求电池 SOC 估计精度越高，电池模型就越复杂，涉及大量矩阵计算，工程上难以实现，且该方法对于温度、自放电率以及放电倍率等因素对容量的影响考虑的不够全面。

2.3.4　均衡管理系统

为了克服电池不一致带来的严重影响，在电池使用中，人们强烈提出对电池进行均衡的要求。为此，近十几年来，许多电池管理系统（BMS）的研发者采用各种各样的方法来对电池进行均衡。归纳起来包括分流法（旁路法）、切断法和并联法。

1. 分流法（旁路法）

在充电时，当某一电池的充电电压超过设定值时，通过并联在该电池的电阻分流该电池的一部分电流，从而达到降低该电池充电电压的目的。这种方案，结构复杂，体积大，分流时发热量大，通用性差。此种分流方法，未必非要在电池过压后才开始分流，可以在电压比平均电压高时就开始分流平衡。

2. 切断法

在充电时，当某一电池的充电电压超过设定值时，通过自动控制开关切断该电池的电路，同时闭合旁路开关，从而使电流绕过这块电池，继续向下一块电池充电。切断法开关个数是电池数目的 2 倍。切断法需要充电器配合，要求充电器能够动态适应 1 个电芯到全部电芯的充电，且在切换电池后要能够动态地调整充电电压、充电电流，实现恒流、恒压充电以及浮充等，对充电器的要求比较高。

3. 并联法

并联法就是将电池按先并后串的连接方式使用，这也是一些电池生产厂家和电池使用者企图利用一些小容量电池组合成大容量、高电压电池组所采用的方法。电池并联后，无法测量各单体电池的电压，因而也就无法实施对电池组中各单体电池的监控。可见，采用并联法是无法实现电池组电池的均衡效果的。

2.3.5 热管理系统

1. 热管理系统的功能

由于过高或过低的温度都将直接影响动力电池的使用寿命和性能，并有可能产生电池系统的安全问题，并且电池箱内温度场的长久不均匀分布将造成各电池模块、单体间性能的不均衡。因此，电池组热管理系统对于电动车辆动力电池系统而言是必需的。可靠、高效的电池组热管理系统对于电动车辆的可靠安全应用意义重大。

电池组热管理系统有以下 5 项主要功能：

（1）电池组温度的准确测量和监控；

（2）电池组温度过高时的有效散热和通风；

（3）低温条件下的快速加热；

（4）有害气体产生时的有效通风；

（5）保证电池组温度场的均匀分布。

2. 热管理系统设计实现

按照传热介质不同，可将电池组热管理系统分为空冷、液冷和相变材料冷却三种，考虑到材料的研发以及制造成本等问题，目前最有效且最常用的散热系统是采用空气作为散热介质。按照散热风道结构不同，空冷系统又可分为串行通风方式和并行通风方式两种，如图 2-36 和图 2-37 所示。

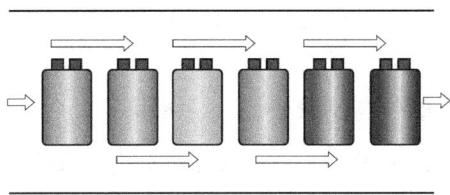

图 2-36　串行通风方式　　　　　　图 2-37　并行通风方式

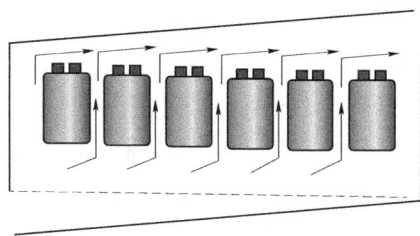

串行情况下一般是使空气从电池包一侧流往另外一侧，从而达到带走热量的目的。这时，气流会将先流过的地方的热量带到后流过的地方，从而导致两处温度不一致且温差较大。而并行情况下模块间空气都是直立上升气流，这样能够更均匀地分配气流，从而保证电池包中各处的散热一致。热管理系统按照是否有内部加热或制冷装置可分为被动式和主动式两种。被动系统成本较低，采取的设施相对简单；主动系统相对复杂，并且需要更大的附加功率，但效果较为理想。

2.3.6 数据通信系统

数据通信是电池管理系统的重要组成部分之一，主要涉及电池管理系统内部主控板与检测板之间的通信及电池管理系统与车载主控制器、非车载充电机等设备间的通信等。在有参数设定功能的电池管理系统上，还包括电池管理系统主控板与上位机的通信。CAN 通信方式是现阶段电池管理系统通信应用的主流，在国内外大量产业化的电动汽车电池管理系统以及国内外关于电池管理系统数据通信标准中均提倡采用该通信方式。RS232、RS485 总线等方式在电池管理系统内部通信中也有应用。图 2-38 所示为 BJ6123C7C4D 纯电动客车电池管理系统通信方式示意图，该系统可实现单体电池电压检测、电池温度检测、电池组工作电流检测、绝缘电阻检测、冷却风机控制、充放电次数记录、电磁和 SOC 的估测等功能。其中，RS232 主要实现主控板与上位机或手持设备的通信，完成主控板、检测板各种参数的设定；RS485 主要实现主控板与检测板之间的通信，完成主控板电池数据、检测板参数的传输；CAN 通信分为 CAN1 和 CAN2 两路，CAN1 主要与车载主控制器通信，完成整车所需电池相关数据的传输；CAN2 主要与车载仪表、非车载充电机通信，实现电池数据的共享，并为充电控制提供数据依据。

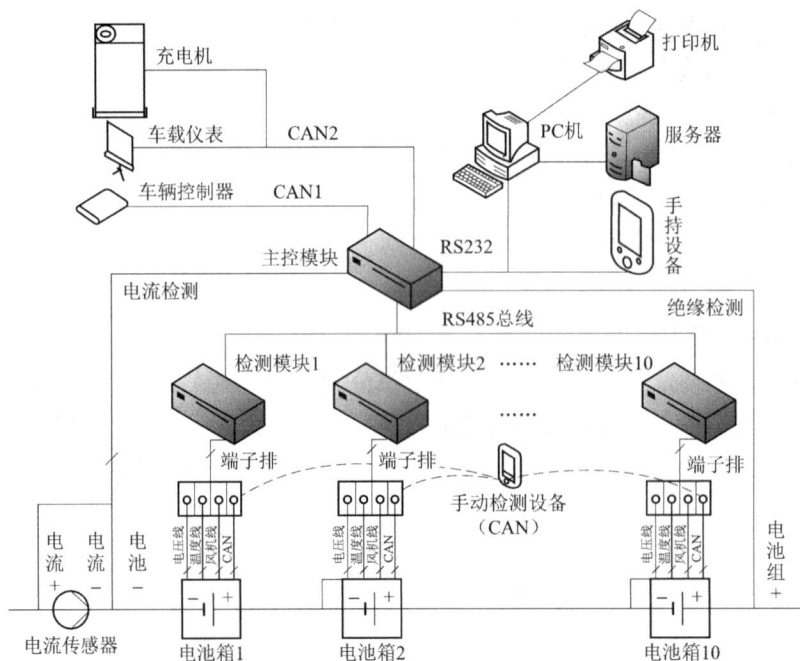

图 2-38　BJ6123C7C4D 纯电动客车电池管理系统通信方式示意图

在车载运行模式下，电池管理系统的结构如图 2-39 所示。电池管理系统中央控制模块通

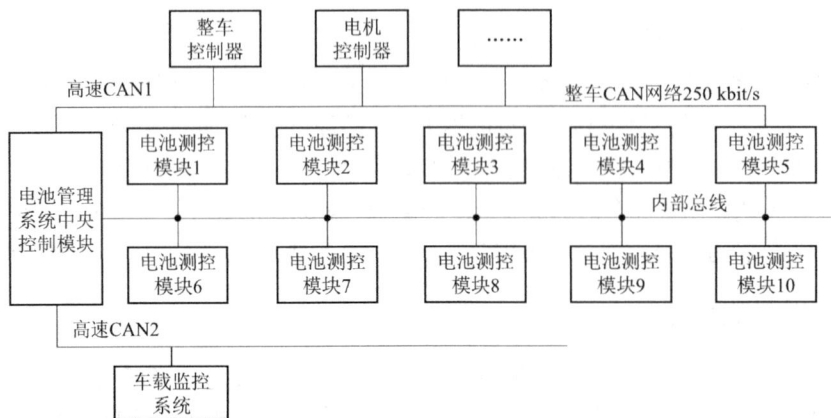

图 2-39　车载运行模式下电池管理系统的结构

过高速 CAN1 将实时的、必要的电池状态告知整车控制器以及电机控制器等设备，以便采用更加合理的控制策略，其既能有效地完成运营任务，又能延长电池使用寿命。同时，电池管理系统（中央控制模块）通过高速 CAN2 将电池组的详细信息告知车载监控系统，完成电池状态数据的显示和故障报警等功能，为电池的维护和更换提供依据。

在应急充电模式下，电池管理系统结构如图 2-40 所示，充电机实现与电动汽车的物理连接。此时的车载高速 CAN2 加入充电机节点，其余不变。充电机通过高速 CAN2 了解电池的实时状态，调整充电策略，实现安全充电。

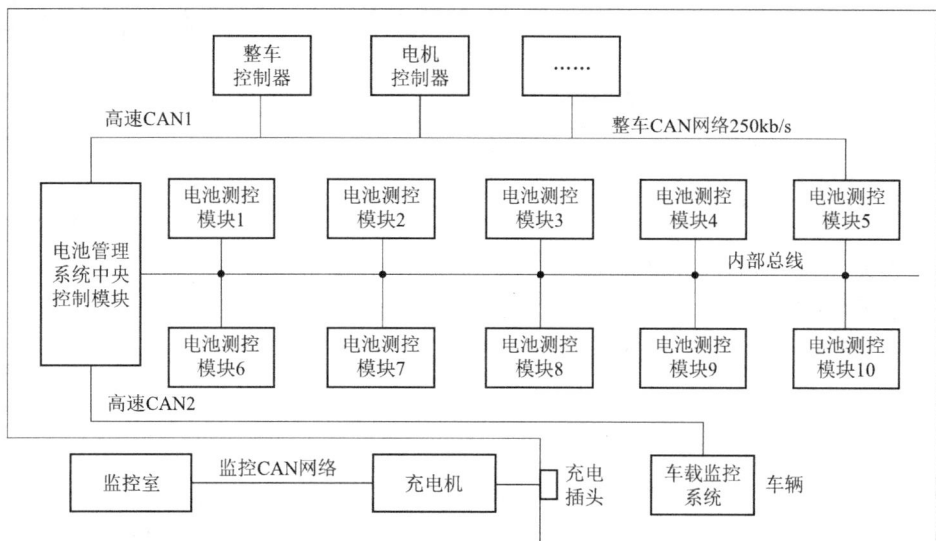

图 2-40　应急充电模式下电池管理系统的结构

习题

1. 简述车载电源模块的组成。
2. 简述蓄电池的各性能参数。
3. 电池管理系统的功能是什么？
4. 电池管理系统如何进行数据采集？

第三章

电力驱动模块

本章学习目标

◆ 掌握整车控制器的结构及功能

◆ 了解 CAN 总线的定义及应用

◆ 会对常用的电机类型进行比较

导读

2012 年 7 月 9 日，历经两年的《节能与新能源汽车产业发展规划（2012—2020）》（以下简称《规划》）终于正式出台，《规划》提出"以纯电驱动为新能源汽车发展和汽车工业转型的主要战略取向"，未来几年，中国汽车工业将聚焦纯电驱动。

电力驱动主模块主要由整车控制器、电机控制器、电动机和机械传动装置等组成。由于加速踏板、制动踏板等对于汽车驾驶员来说，是十分熟悉和习惯使用的操纵装置，故为适应驾驶员的传统操纵习惯，电动汽车仍保留了加速踏板、制动踏板及有关操纵手柄或按钮等。不过在电动汽车上是将加速踏板、制动踏板的机械位移量转换为相应的电信号，输入到整车控制器来对汽车的行驶进行控制的。而对于挡位变速杆，为遵循驾驶员的传统习惯，一般仍需保留并且以开关信号传输，同样除了传统的驱动模式以外，只保留了前进挡、空挡和倒退三个挡位，并且以开关信号的形式传输到中央控制单元来对汽车进行前进、停车和倒车控制。

3.1　整车控制器

电动汽车作为一种绿色的运输工具，在环保、节能以及驾驶性能等方面具有诸多内燃机汽车无法比拟的优点，其是由多个子系统构成的一个复杂系统，主要包括电池、电机、制动等动力系统以及其他附件。各子系统几乎都通过各自的控制单元（ECU）来完成其各自的功能和目标。为了满足整车动力性、经济性、安全性和舒适性的目标，一方面必须具有智能化的人车交互接口；另一方面，各系统还必须彼此协作，优化匹配，这项任务需要由控制系统中的整车控制器来完成。基于总线的分布式控制网络是使众多子系统实现协同控制的理想途径。由于 CAN 总线具有造价低廉、传输速率高、安全和可靠性高、纠错能力强和实时性好等优点，已广泛应用于中、低价位汽车的实时分布式控制网络。随着越来越多的汽车制造厂家采用 CAN 协议，CAN 已逐渐成为通用标准。采用总线网络可大大减少各设备间的连接信号线束，并可提高系统监控水平。另外，在不减少其可靠性的前提下，可以很方便地增加新的控制单元，拓展网络系统功能。

3.1.1 整车控制器控制系统结构

电动汽车整车控制器包括微控制器、模拟量调理、开关量调理、继电器驱动、高速 CAN 总线接口和电源等模块。整车控制器对新能源汽车动力链的各个环节进行管理、协调和监控，以提高整车能量利用效率，确保安全性和可靠性。该整车控制器采集司机驾驶信号，通过 CAN 总线获得电机和电池系统的相关信息，进行分析和运算，通过 CAN 总线给出电机控制和电池管理指令，实现整车驱动控制、能量优化控制和制动回馈控制。该整车控制器还具有综合仪表接口功能，可显示整车状态信息；具备完善的故障诊断和处理功能；具有整车网关及网络管理功能。其结构原理如图 3-1 所示。

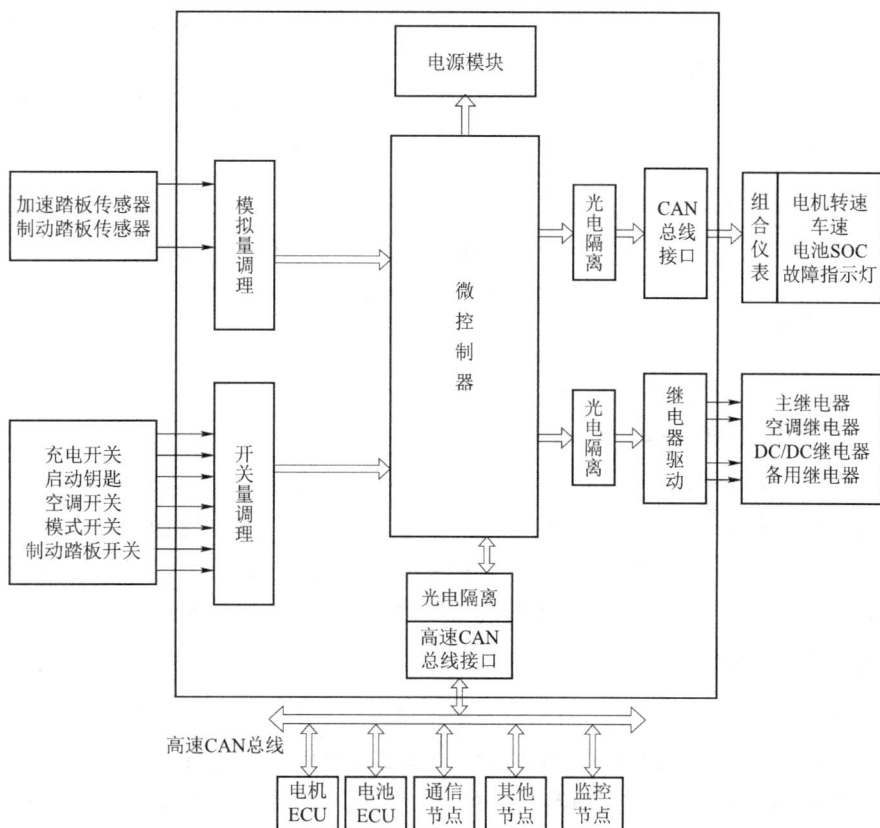

图 3-1　整车控制器结构原理图

下面对每个模块功能进行简要的说明。

1. 开关量调理模块

开关量调理模块，用于开关输入量的电平转换，其一端与多个开关量传感器相连，另一端与微控制器相接。

2. 继电器驱动模块

继电器驱动模块，用于驱动多个继电器，其一端通过光电隔离器与微控制器相连，另一端与多个继电器相接。

3. 高速 CAN 总线接口模块

高速 CAN 总线接口模块，用于提供高速 CAN 总线接口，其一端通过光电隔离器与微控制器相连，另一端与系统高速 CAN 总线相接。

4. 电源模块

电源模块，可为微处理器与各输入和输出模块提供隔离电源，并对蓄电池电压进行监控，与微控制器相连。

5. 模拟量调理模块

1）模拟量输入和输出模块

模拟量输入和输出模块，可采集 0～5 V 模拟信号，并可输出 0～4.095 V 的模拟电压信号。

2）脉冲信号输入和输出模块

可采集脉冲信号并进行调理，范围为 1 Hz～20 kHz，幅度为 6～50 V；输出 PWM 信号范围为 1 Hz～10 kHz，幅度为 0～14 V。

6. 故障和数据存储模块

铁电存储器可以存储标定的数据和故障码及车辆特征参数等，容量为 32K。

3.1.2　整车控制器功能说明

整车控制器基本上有以下几项功能。

1. 对汽车行驶控制的功能

电动汽车的动力电机必须按照驾驶员意图输出驱动或制动扭矩。当驾驶员踩下加速踏板或制动踏板时，动力电机要输出一定的驱动功率或再生制动功率。踏板开度越大，动力电机的输出功率越大。因此，整车控制器要合理解释驾驶员操作；接收整车各子系统的反馈信息，为驾驶员提供决策信息；对整车各子系统发送控制指令，以实现车辆的正常行驶。

2. 整车的网络化管理

在现代汽车中，有众多电子控制单元和测量仪器，它们之间存在着数据交换，如何让这种数据交换快捷、有效、无故障的传输成为一个问题，为了解决这个问题，德国 BOSCH 公司于 20 世纪 80 年代研制出了控制器局域网（CAN）。在电动汽车中，电子控制单元比传统燃油车更多、更复杂。因此，CAN 总线的应用势在必行。整车控制器是电动汽车众多控制器中的一个，是 CAN 总线中的一个节点。在整车网络管理中，整车控制器是信息控制的中心，负责信息的组织与传输、网络状态的监控、网络节点的管理以及网络故障的诊断与处理。

3. 制动能量回馈控制

新能源汽车以电机作为驱动转矩的输出机构。电机具有回馈制动的性能，此时电机作为发电机，利用电动汽车的制动能量发电，同时将此能量存储在储能装置中，当满足充电条件时，将能量反充给动力电池组。在这一过程中，整车控制器根据加速踏板和制动踏板的开度以及动力电池的 SOC 值来判断某一时刻能否进行制动能量回馈，如果可以进行，则整车控制器向电机控制器发出制动指令，回收部分能量。

4. 整车能量管理和优化

在纯电动汽车中，电池除了给动力电机供电以外，还要给电动附件供电，因此，为了获得最大的续驶里程，整车控制器将负责整车的能量管理，以提高能量的利用率。当电池 SOC 值比较低时，整车控制器将对某些电动附件发出指令，通过限制电动附件的输出功率来增加续驶里程。

5. 车辆状态的监测和显示

整车控制器应该对车辆的状态进行实时监测，并且将各个子系统的信息发送给车载信息显示系统，其过程是通过传感器和 CAN 总线，检测车辆状态及各子系统状态信息，驱动显示仪表，将状态信息和故障诊断信息经过显示仪表显示出来。显示内容包括：电机的转速、车速、电池的电量和故障信息等。

6. 故障诊断与处理

连续监视整车电控系统，进行故障诊断。故障指示灯指示出故障类别和部分故障码。根据故障内容，及时进行相应的安全保护处理。对于不太严重的故障，可低速行驶到附近维修站进行检修。

7. 外接充电管理

实现充电的连接，监控充电过程，报告充电状态。

8. 诊断设备的在线诊断和下线检测

负责与外部诊断设备的连接和诊断通信，实现 UDS 诊断服务，包括数据流读取、故障码的读取和清除及控制端口的调试。

3.1.3　CAN 通信网络

1. CAN 总线作用

以往在汽车上，控制信号和通信信号是依靠各自的信号线路，将各种各样的信号线路组成"线束"，然后通过各自的接插件与相关的开关、控制器件或信号器件连接来进行传输的，这种通信的传输方式需要增加 A/D 转换器、接插件和开关，各种器件的数量可达几百件，线束的长度可达数十千米，给设计、安装、检查和修理带来了很大的工作量和不便。复杂的接线还可能出现系统通信的不可靠性、电磁干扰和噪声等，降低信号的精度，影响电子控制子元件的正常运行，引起数据参数的衰减而产生控制失误。

随着现代汽车越来越多地装备各种电子器件，控制系统越来越复杂，线束也越来越多、越来越长，传统的控制信号和通信信号系统已远远不能满足现代电动汽车电子技术发展的要求。如果要设计为抗干扰通信线束系统，还将更大地增加系统的成本。电动汽车采用了网络控制系统，代替了传统的线束控制信号和通信信号传递系统。网络控制系统中大量的控制数据能够在共同的电子单元中共享，控制信息能够实时进行交换，传输速度和响应速度快，可靠性高。在某些控制信号和通信信号系统中，还要求网络功能能够实现冗余，在某些系统出现故障时，仍然能够保持该系统的基本功能。

20 世纪 80 年代，德国 BOSCH 公司为了解决汽车上众多的控制系统与检测系统之间的数据通信和资源共享问题，推出了串行数据通信总线 CAN（ Controller Area Network），CAN 控制系统采用集成模块化工作方式，各个模块能够独立工作，避免了各个模块之间的相互干扰。CAN 网络系统能够有效地控制局域的网络系统，支撑分布式控制和实时控制串行通信网络，解决汽车众多控制系统与测试仪器之间数据交换的串行数据通信协议。CAN 控制系统配置灵活，可靠性高，实时性好，抗干扰能力强，系统错误检测和隔离能力强等，广泛应用于线控（X-by-Wire）系统，已经形成国际标准。CAN 总线系统在汽车行中得到了迅速地推广。

电动汽车网络的发展目标是将电动汽车的动力系统、传动系统、悬架系统、转向系统、制动系统、控制系统、数字化仪表、安全保护设备、通信设备、娱乐设备等的信息集成化，使各种信息相互结合、相互作用，共享驾驶员发出的指令和传感器反馈的数据，更好地发挥各个系统的协调作用，以获得最佳的整车性能，综合提高电动汽车的操纵安全性和稳定性，以及节能、减排性能，实现电动汽车驾驶的智能化，最终实现无人驾驶。在电动汽车上，各种电子、电气元件的用量大大地超过了普通发动机汽车，CAN 总线系统的应用更加广泛。

CAN 总线主要功能：各个电子控制单元 ECU 之间的信息通信和交换；电动汽车整车安全控制；电动汽车驱动系统动力、功率、转矩的控制；电动汽车行驶姿态的控制；电动汽车的行车用各种电子设备的控制等。

2. CAN 总线数据传输过程

CAN 总线数据传输按照通信协议，首先要将传输的数据进行编码，并提供给 CAN 总线的发送端，再由收发器将数据发送到 CAN 总线上。然后数据进入 CAN 总线的接收端，由于链接在 CAN 总线上的多个节点同时接收到同一传输数据，总线接收器对数据进行复查，确定是否属于某个节点所需要的数据，如果不是该节点所需要的数据，则该节点会自动删除该数据；如果是该节点所需要的数据，则该节点将经过复查并按照通信协议对数据进行解释，继续传输到执行器并被执行器所接受。如图 3-2 所示。

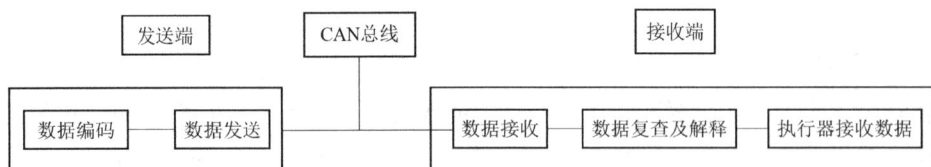

图 3-2　CAN 总线数据传输过程示意图

3. CAN 总线通信系统在电动车辆上的使用

CAN 总线要求采用每米 33 个螺旋的屏蔽双绞线或同轴光缆、光纤等作为通信介质，要求具有良好的电磁兼容性（EMC）和防电磁干扰性。中央控制器的接地线应与机体保持紧密接触，总线的布置应尽可能远离电机、电能变换器等骚扰源。要求环境温度控制在允许范围内，避免引起信号传输的畸变。传感器线路应与高压、高频电源导线分开，重要的传感器线路应采用单独的电源和回路。如图 3-3 所示。

在中型或大型电动汽车上采用 CAN 总线技术，就可以平均减短线束的总长度 1 000～1 500 m、减少各种接插件 200～300 个、减轻重量约 30 kg，并且可以在电磁干扰的环境下，远距离进行实时数据地可靠传递，不会出现因数据参数的不统一而产生的失误。

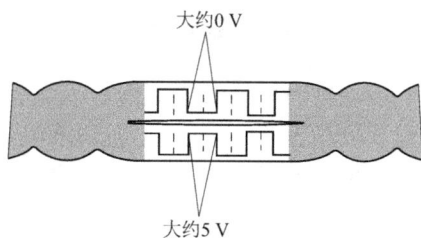

图 3-3　CAN 双绞线传输信息示意图

在电动汽车上，CAN 通信网络系统是一种串行式数据通信协议，采用集成模块化工作方式，各个模块能够比较独立的工作，避免了各个模块之间的相互干扰。具有配置灵活、实时性好及隔离能力和抗干扰能力强等优点。

1）高速 CAN 通信网络系统

控制电动汽车的动力电池组、燃料电池堆、电能转换器、电动机驱动系统、线控系统等，以及对混合动力汽车的发动机、动力耦合器等的通信管理和控制。

2）低速 CAN 通信网络系统

对车载电子、电器、仪表、照明、信号、安全气囊、通信、防盗等系统的通信管理和控制。

❀　3.2　电机控制器

电机控制器是驱动电机系统的控制中心，又称智能功率模块，以 IGBT（绝缘栅双极型晶体管）模块为核心，辅以驱动集成电路和主控集成电路。通过把微电子器件和功率器件集成到同一芯片上，形成了智能功率模块。对所有的输入信号进行处理，并将驱动电机控制系统运行状态的信息通过 CAN2.0 网络发送给整车控制器。驱动电机控制器内含故障诊断电路，当诊断出异常时，它将会激活一个错误代码，发送给整车控制器，同时也会存储该故障码和数据。

电机控制器使用以下传感器来提供驱动电机系统的工作信息：

（1）电流传感器：用以检测电机工作的实际电流（包括母线电流、三相交流电流）；

（2）电压传感器：用以检测供给电机控制器工作的实际电压（包括动力电池电压、12 V 蓄电池电压）；

（3）温度传感器：用以检测电机控制系统的工作温度（包括 IGBT 模块温度、电机控制器板载温度）。

❀　3.3　电动机

电动机是把电能转换为机械能的一种设备。其利用通电线圈（也就是定子绕组）产生旋转磁场并作用于转子鼠笼式闭合铝框形成磁电动力旋转转矩。电动机主要由定子与转子组成，通电导线在磁场中受力运动的方向与电流方向和磁感线（磁场方向）方向有关。电动机工作原理是：磁场对电流作用，使电动机转动。

3.3.1 电动机的分类

电动机的种类很多，用途广泛，功率覆盖面非常广。而电动汽车出于对功率容量、体积、重量、散热等条件的考虑，采用的电动机种类较少。迄今为止，电动汽车采用的驱动电动机主要包括直流电动机、感应电动机、永磁电动机和开关磁阻电动机等，如图 3-4 所示。

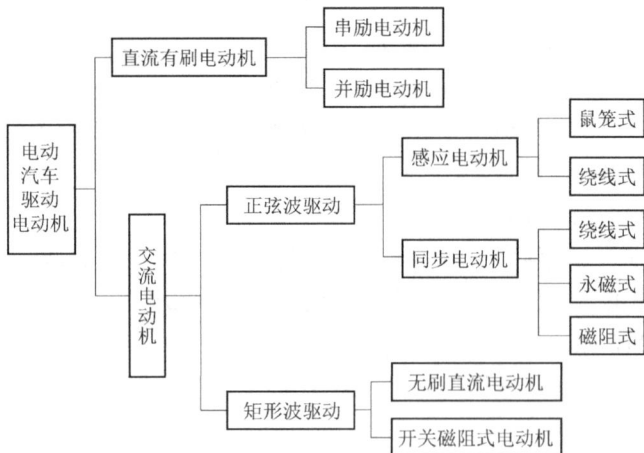

图 3-4 电动机的分类

1. 直流电动机

直流电动机是在电动汽车上应用最早最广泛的一种电动机，对于以动力电池提供电能的新能源汽车，可以由电池组直接获得直流电。

直流电动机由定子、转子、换向器和电刷组成，定子上有磁极，转子上有绕组，通电后，转子上也形成磁极，定子和转子的磁场之间有一个夹角，在定、转子磁场的相互吸引下，使电动机旋转。直流电动机的构造及实物图如图 3-5 和图 3-6 所示。

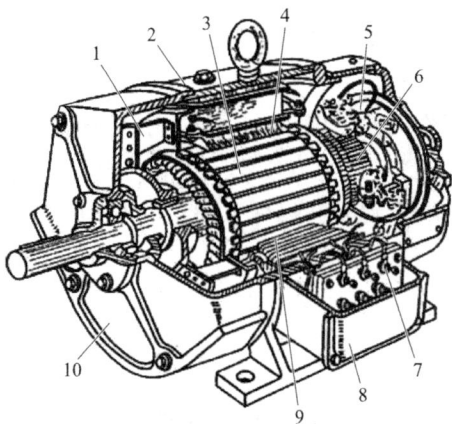

图 3-5 直流电动机的构造

1—风扇；2—机座；3—电枢；4—主磁极；5—刷架；
6—换向器；7—接线板；8—出线盒；
9—换向磁极；10—端盖

图 3-6 无刷直流电动机实物

1—转子磁铁；2—定子绕组；3—霍尔传感器

直流电动机商品化历史最长，控制简单且具有优良的电磁转矩控制特性，串励直流电动机、他励直流电动机、永磁（有刷）直流电动机至今仍在电动车辆中有广泛的应用；缺点是电动机本身结构复杂，机械换向有电刷的维护问题，换向的电火花会产生严重的电磁干扰，高速时有环火，不适宜高速运行，且体积偏大、防护差。鉴于以上缺点以及交流电动机驱动系统的迅速发展，可以预见，直流电动机将逐步被淘汰。

2. 交流感应电动机

交流感应电动机的定子及转子为独立绕组，二者基于电磁感应原理实现力矩的传递，其转子以低于或高于气隙旋转磁场的转速旋转，也称为交流异步电动机。交流感应电动机简单坚固，成本相对低廉，但控制系统复杂，存在调速范围小、转矩特性不理想等缺点。近年来，交流电动机之所以得到普遍推广，主要得益于电力电子技术、微处理器技术和交流电动机控制技术的发展。

交流感应电动机结构如图 3-7 所示。

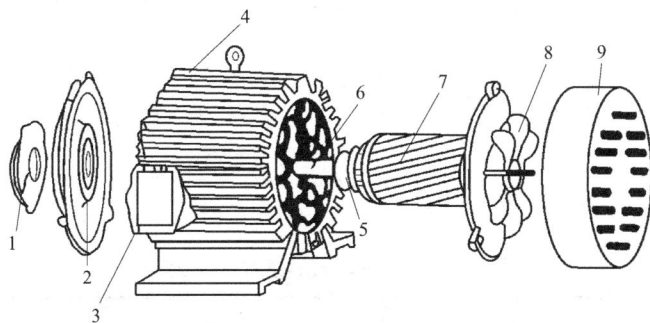

图 3-7 交流感应电动机结构

1—轴承盖；2—端盖；3—接线盒；4—定子；5—轴承；6—转轴；

7—转子；8—风扇；9—罩壳

3. 永磁同步电动机

永磁同步电动机是利用永磁体建立励磁磁场的同步电动机，其定子产生旋转磁场，转子采用永磁材料制成，磁场相互作用使转子转动。永磁同步电动机具有效率高、转矩和功率密度大、功率因数高、可靠性高和便于维护等优点。

永磁同步电动机的实物和结构图如图 3-8 和图 3-9 所示。

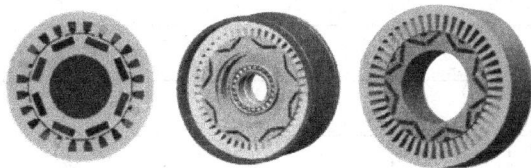

图 3-8 永磁同步电动机实物

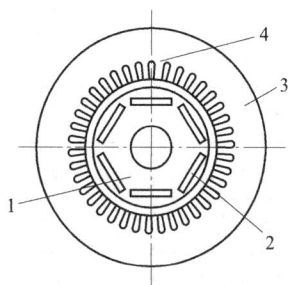

图 3-9 永磁同步电动机结构

1—转子；2—永久磁铁；3—定子；4—定子线圈

4. 开关磁阻电动机

开关磁阻电动机的定子和转子芯均由硅钢片叠压而成，定、转子冲片均有一齿槽，构成双凸极结构，依定子和转子片上齿槽的多少，形成不同的极数。最常见的凸极结构为三相 6/4 结构和四相 8/6 结构。三相开关磁组电动机的定子上有 6 个凸极，转子上有 4 个凸极；四相开关磁组电动机的定子上有 8 个凸极，转子上有 6 个凸极。在定子相对称的两个凸极上的集中绕组互相串联，构成一相。开关磁阻电动机的工作原理遵循"磁阻最小原理"——磁通总是沿磁阻最小的路径闭合。

开关磁组电动机定子和转子结构剖面如图 3-10 所示。

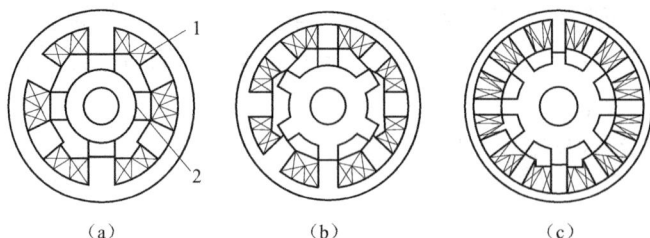

图 3-10　开关磁组电动机的定子和转子结构剖面示意
（a）三相 6/4 凸极结构；（b）三相 12/8 凸极结构；（c）四相 8/6 凸极结构
1—定子；2—转子

各种电动机的基本性能比较见表 3-1。

表 3-1　各种电动机的基本性能比较

项目	直流电动机	交流感应电动机	永磁同步电动机	开关磁阻电动机
转速/（r·min⁻¹）	4 000～6 000	12 000～15 000	4 000～10 000	15 000
功率密度	低	中	高	较高
功率因数/%	—	82～85	90～93	60～65
峰值效率/%	85～89	94～95	95～97	90
负载效率/%	80～87	90～92	85～97	78～86
恒功率区	—	1:5	1:2.25	1:3
过载系数	2	3～5	3	3～5
体积	大	中	小	小
质量	大	中	小	小
结构坚固性	差	好	一般	优
运行可靠性	一般	好	优	好
调速控制性能	最好	好	好	好
控制器成本	低	高	高	一般

3.3.2 电动汽车对电动机的性能要求

电动汽车用电动机在充分满足汽车运行功能的同时，还应满足行驶时的舒适性、环境适应性以及对车辆一次充电续驶里程的要求。电动汽车用电动机具有比普通工业电动机更为严格的技术规范和标准要求，其主要性能要求如下。

1. 体积小、质量轻

为了充分利用有限的车载空间，减小车辆质量，降低运行中的能量消耗，应尽量减小电动机的体积和质量。电动机可以采用铝合金外壳，各种控制装置的质量和冷却系统等也要求尽可能轻量化和小型化。

2. 全速段高效运行

一次充电续驶里程长，特别是在车辆频繁起停或变速运行的情况下，电动机应具有较高的效率。

3. 低速大转矩

即宽范围的恒功率特性，即使没有变速器，电动机本身也应能满足所需的转矩特性，以获得在起动、加速、行驶、减速、制动等运行工况下的功率和转矩。电动机应具有自动调速功能，以减轻驾驶员的操纵强度，提高驾驶的舒适度，并且能够达到与传统内燃机汽车同样的控制响应。

4. 高可靠性

在任何运行工况下都应具有高可靠性，以确保车辆的行驶安全。

5. 高电压

在允许的范围内尽可能采用高电压，以减小电动机及控制器和导线等的尺寸，特别是可以降低逆变器的成本。动力电池组、电动机等强电部件的工作电压能够达到 300 V 以上，对电气系统安全性和控制系统的安全性提出了更高的要求，其均必须符合相关车辆电气控制的安全性能标准和规定。

6. 高转速

与低转速电动机相比，高转速电动机的体积较小、质量较轻，有利于降低整车装备的质量。

7. 使用寿命长

为降低电动汽车的使用成本，电动机的使用寿命应和车辆保持一致，真正实现了节能环保的目标。

同时，电动机还要求耐高温和耐潮性能好、运行噪声低、结构简单、成本低、适合批量生产、使用维护方便等。

❀ 3.4 电机学基本定律和电机性能参数

1. 基本定律

安培环路定律、电磁感应定律和电磁力定律是进行电机原理分析的基本定律，可逆性原理是电机的普遍规律。

1）安培环路定律

在磁场中，磁场强度矢量沿任一闭合路径的线积分，等于该闭合路径所包围电路电流的代数和，即

$$\int_l \boldsymbol{H} \mathrm{d}\boldsymbol{l} = \sum i$$

式中，$\sum i$ 为全电流（传导电流和位移电流）的代数和。

当电流的方向与闭合线上磁场强度的方向满足右手螺旋定则时，电流取正值；否则取负值。

2）电磁感应定律

假设有一匝数为 N 的线圈位于磁场中，当与线圈交链的磁链 $\Psi = N\Phi$ 发生变化时，线圈中将产生感应电动势。感应电动势的数值与线圈所交链磁场的变化率成正比。如果感应电动势的正方向与磁通的正方向符合右手螺旋关系，则感应电动势为

$$e = -\frac{\mathrm{d}\Psi}{\mathrm{d}t} = -N\frac{\mathrm{d}\Phi}{\mathrm{d}t}$$

式中，负号表示线圈中感应电动势倾向于阻止线圈内磁链的变化。

3）电磁力定律

位于磁场中的载流导体受到磁场力的作用，该磁场力称为电磁力。如果磁场与载流导体相互垂直，则作用于载流导体的电磁力为

$$f = Bil$$

4）电机的可逆性原理

电机的可逆性原理表明，发电机和电动机只是一种电机具有两种不同的运行方式（发电运行和电动运行）。实际上，某些电机通常被称为发电机（或电动机），这说明该类电机作为发电机（或电动机）运行时性能较好，而不是说只能用作发电机（或电动机）。

2. 性能参数

GB/T 19596—2004《电动汽车术语》对电机的基本性能参数进行了规定，常用的性能参数及其定义如下：

额定功率：在额定条件下的输出功率。

峰值功率：在规定的持续时间内，电机允许的最大输出功率。

额定转速：在额定功率下电机的最低转速。

最高工作转速：相对应于车辆最高设计车速的电机转速。

额定转矩：电机在额定功率和额定转速下的输出转矩。

峰值转矩：电机在规定的持续时间内允许输出的最大转矩。

堵转转矩：转子在所在角位堵住时所产生的转矩最小测得值。

电机及控制器整机效率：电机转轴输出功率除以电机控制器输入功率乘以 100%。

✳ 3.5 电能变换器

图 3-11 所示为电动汽车（包括混合动力汽车和燃料电池汽车）上使用的各种电能变换器

的示例（示例中驱动电动机假设为交流电动机）。

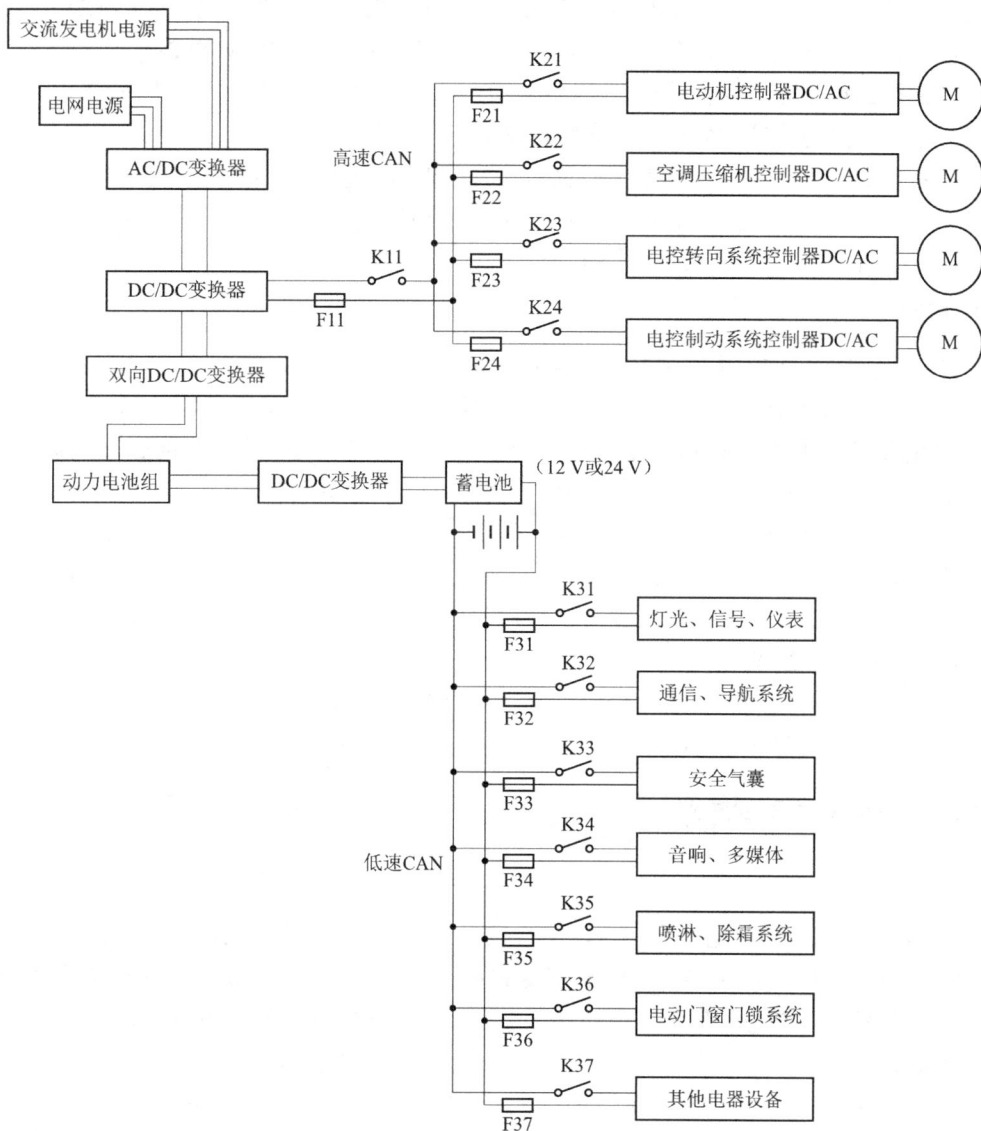

图 3-11 电动汽车电—电（电力）混合供电系统以及各种电能变换器应用示意图

F11、K11—电源总熔断器和总开关；F21～F24—各个动力电源熔断器；K21～K24—各个动力电源开关；
F31～F37—各个行车电源熔断器；K31～K37—各个行车管理电源开关

3.5.1 DC/DC 电能变换器

1. 分类

（1）按电能变换器功率开关管数分有单管式和双管式。单管式有单管降压式、升压式、升降压式、单管正激式和单管反激式等多种电能变换器；双管式有双管正激式、双管推挽正激式、双管半桥正激式、双管反激式等多种电能变换器。

（2）按开关控制方式分有脉宽调制式 PWM（Pulse Width Modulation）、频率调制式

PFM（Pulse Frequency Munition）、模拟/数字 ADC（Analog to Digital Converter），以及脉宽和频率混合调制式"硬开关"（Hard swithching）PWM 电路，各种谐振式、准谐振式、零电压或零电流的各种谐振式、准谐振式的"软开关"（Soft bridge C）PWM 电路。

（3）按输出电路方式分有单路电压输出、双路电压输出和三路电压输出三种。

（4）按与车身绝缘方式分有与车身绝缘型和与车身非绝缘型。

以上不同型式、不同控制方法、不同输出方式和不同绝缘方式的 DC/DC 电能变换器，一般采取交叉组合的方式，形成各种多功能的 DC/DC 电能变换器，在电动汽车上主要采用升压式、降压式、升降压式等型式的变换器。

2. 用途

直流/直流（DC/DC）电能变换器主要用途如下：

（1）在直流电动机的功率小于 5 kW 的纯电动车辆上（游览车、高尔夫球车、清扫车等），动力电池组直接通过 DC/DC 电能变换器，为小型纯电动车辆的直流电动机提供直流电流。

（2）在纯电动汽车、"电—电"耦合电力汽车（自行发电电动汽车、Plug-in 电动汽车和燃料电池汽车）及能量混合型电力系统中，采用升压型 DC/DC 电能变换器；在功率混合型电力系统中，采用双向升降压型 DC/DC 电能变换器或全桥型 DC/DC 电能变换器。电动汽车在滑行或下坡制动，车轮的惯性能量经过转换后产生电能向储能电源充电时，也采用双向升降压型 DC/DC 电能变换器。

（3）用电动汽车上的高压直流电源，向电动汽车的行车管理系统的蓄电池（低压系统）充电时，采用隔离式降压型 DC/DC 电能变换器。

3.5.2 DC/AC 电能变换器

1. 概述

直流/交流（DC/AC）电能变换器，又称为"逆变器"，广泛地应用于装有直流电源、交流电动机的电动汽车上。DC/AC 电能变换器的基本功能是将直流电源（车载储能式电源或燃料电池电源）变换为电动汽车所采用的交流电动机的驱动电源。直流/交流（DC/AC）电能变换器有有源逆变器和无源逆变器，以及多种不同组合的高性能 DC/AC 电能变换器。

DC/AC 变换器的"软开关"技术，是在直流电源与硬开关电压型逆变器电路之间，加入一个电感 L_r 和电容 C_r 共同构成的谐振电路，使 DC 环节产生谐振，利用逆变器直流母线的电压周期性回零，为逆变器的开关创造零电压的开关条件，在逆变器直流母线电压为零时使桥臂上的开关换流，实现逆变器开关的零电压开启和零电压关断。

2. 电动车辆的 DC/AC 电能变换器

1）使用范围

在各种电动车辆上装置了多种采用交流电动机驱动的辅助设备，包括空调系统的压缩机和转向助力器等，它们的电源来自动力电池组或燃料电池组。需要用小型的 DC/AC 逆变器将直流电源的电能转换为交流电，来带动辅助设备的电动机运转。

2）技术特点

DC/AC 电能变换器将动力电池组或燃料电池组的电能转化为三相交流电，并检测辅助装备运转参数的变化，以控制小型三相感应电动机的起动、运行和停止。参考 3.2 中详细介绍。

3.5.3 AC/DC 电能变换器

交流/直流（AC/DC）电能变换器，又称为"整流器"，它的基本功能是将交流电源（或车载发动机—交流发动机发电电源或电网电源）变换为储能式电源。AC/DC 电能变换器应用于各种充电设备，以及有发动机、发电机组的自行发电（串联式）的电动汽车和充电式（Plug-in）电动汽车上。交流/直流（AC/DC）电能变换器基本形式有三种，即三相桥式 AC/DC 整流器、三相电压源 PWM AC/DC 整流器和三相电流源 PWM AC/DC 整流器。

3.5.4 电能变换器的发展方向

（1）进一步提高电能的转换率，进行高效、节能、低污染的产品开发。研发具有高效率、高功率密度、低压大电流、良好动态特性的 DC/DC 变换器和 IGCT 大容量高压变流器件。我国已研发功率密度达到 3.6 kW/L、效率超过 95% 的 DC/DC 变换器。

（2）降低待机损耗、功耗、噪声，提高冷却效果，降低工作温度，减少能量损耗。

（3）进行电磁干扰传播特性的研究，提高系统的电磁兼容性（EMC）。

（4）研究和开发高频化、多电平软件和有独立电源的多电平拓扑电路。

（5）元件小型化，研发超小型、薄、轻的电子器件模块及电子、电路积木式集成技术，提高其适应不同气流下的温度、湿度、振动等的耐受能力和稳定的工作能力，延长元器件的使用寿命。

（6）工艺先进化，研发积木式结构组成的分布式电子、电路系统，推广和实现外国电子器件的标准化、通用化和封装化。

✿ 3.6 机械传动装置

由于纯电动汽车电驱动特性的多样性，故纯电动汽车有多种传动系统架构，图 3-12 所示为常见的几种 EV 结构形式。

1. 传统的驱动模式

如图 3-12（a）所示模式与传统汽车驱动系统的布置方式一致，带有变速器和离合器，只是将发动机换成了电动机，属于改造型电动汽车。这种布置可以提高电动汽车的起动转矩，增加低速时电动汽车的后备功率。

2. 电动机—驱动桥组合式驱动模式

如图 3-12（b）和图 3-12（c）所示模式取消了离合器和变速器，但具有减速差速机构，由 1 台电动机驱动两车轮旋转。优点是可以继续沿用当前发动机汽车中的动力传动装置，只需要一组电动机和逆变器。但这种方式对电动机的要求较高，不仅要求电动机具有较高的起动转矩，而且要求其具有较大的后备功率，以保证电动汽车的起动、爬坡、加速超车等动力性能。

3. 电动机—驱动桥整体式驱动模式

如图 3-12（d）所示模式中将电动机装到了驱动轴上，直接由电动机实现变速和差速转换。这种传动方式同样对电动机有较高的要求，大起动转矩和后备功率不仅要求控制系统有较高的控制精度，而且要具备良好的可靠性，从而保证电动汽车行驶的安全性和平稳性。

4. 轮毂电机驱动模式

图 3-12（e）和图 3-12（f）同图 3-12（d）布置方式比较接近，即将电动机直接装到了驱动轮上，由电动机直接驱动车轮行驶。

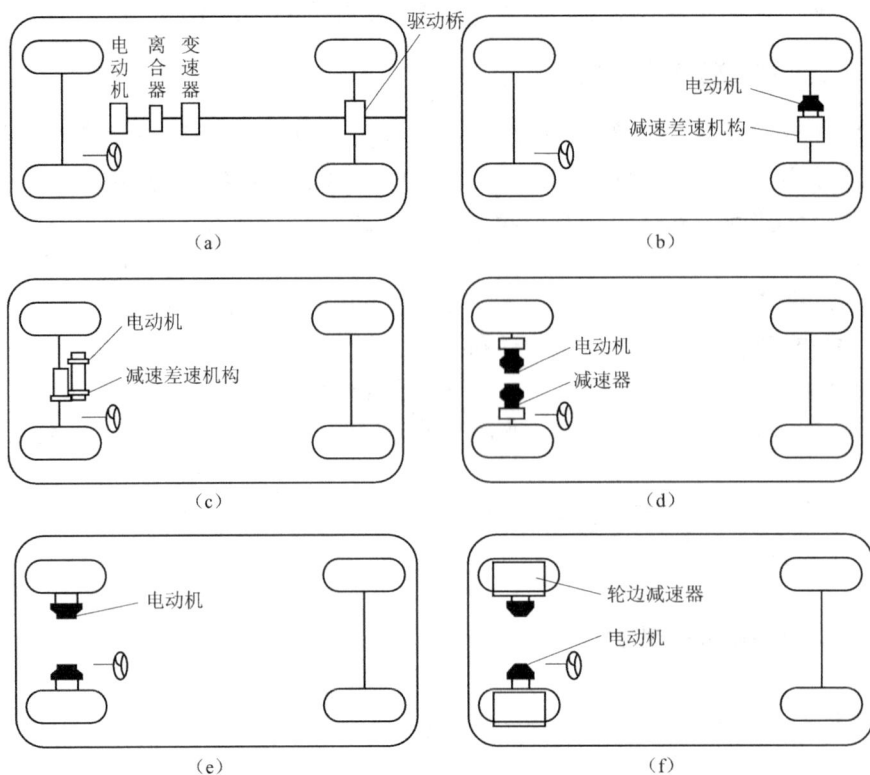

图 3-12 纯电动汽车驱动模式示意图

（a）电动机轴与驱动轴相互垂直；（b）整体驱动桥式；（c）电动机轴与驱动轴相互平行；
（d）双电动机整体驱动桥式；（e）直流驱动式；（f）带轮边减速器驱动式

习题

1. 简述电动汽车的几种传动形式。
2. 电动汽车一般有哪几种电能变换器？
3. 比较几种常用电动机的优缺点。

第四章

辅助系统

···

本章学习目标

◆ 了解电动汽车空调系统和传统汽车空调系统的区别
◆ 掌握电动转向系统、电动制动系统的功用
◆ 了解电动汽车冷却系统的形式及特点

导读

德国卡尔斯鲁厄技术研究所（KIT）和舍弗勒公司合作了一个名叫 e²–Lenk 的项目，全称为"可优化能源效率的电动车智能辅助转向系统"。从字面就可以看出，两家研究的是一款辅助转向概念产品，专门为电动车量身定制，目的是省电。这个项目于 2015 年 1 月启动，历时 3 年，预算 60 万欧元，还获得了联邦政府教育研究部（BMBF）的补贴。

4.1 电动汽车空调系统

汽车空调的功能是把车厢内的温度、湿度、空气清洁度及空气流动性保持在使人感觉舒适的状态。在各种气候环境条件下，电动汽车车厢内应保持如传统汽车般的舒适状态，以提供舒适的驾驶和乘坐环境。因此，一套节能高效的空调系统对电动汽车起着至关重要的作用。

4.1.1 电动汽车空调与传统汽车空调的区别

普通燃油车加满油一次可行驶 800～1 000 km，而电动汽车充满电续驶里程通常只有100～300 km 甚至更短，且充电时间长达 8～9 h，甚至更长。空调作为电动汽车辅助系统中耗能最大的部分，在制冷或者取暖条件下，将会对电动汽车行驶里程产生很大的影响。因此开发新型节能空调对提高电动汽车续驶里程有一定的帮助。对电动汽车空调而言，蓄电电池冷却也是一个问题，蓄电池只有在恒定的温度下工作才能保证高效的能量密度与使用寿命，故必须有一部分冷量用于冷却蓄电池。同时，由于电动汽车电动机运转效率高，可以利用的余热非常少，因此，电动汽车空调的制热也是一个重要课题。

目前传统燃油汽车空调系统，制冷主要采用发动机驱动的蒸汽压缩式制冷系统进行降温，而制热主要采用燃油发动机产生的余热。而对于电动汽车中的纯电动汽车以及燃料蓄电池来说，没有发动机作为空调压缩机的动力源，也不能提供作为汽车空调冬天制热用的热源，因此无法直接采用传统汽车空调系统的方案。但电动汽车上拥有高压直流电源，因此，采用电动热泵型空调系统，压缩机采用电动机直接驱动，成为电动汽车可行的解决方案。

图 4-1 所示为电动压缩机构造。

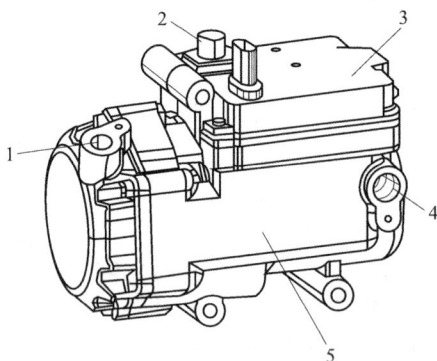

图 4-1　电动压缩机构造

1—压缩机排气口；2—高低压接插件；3—驱动控制器；4—压缩机吸气口；5—压缩机本体

传统汽车空调制冷系统一般为蒸汽压缩式系统，利用制冷剂的相态变化达到吸热或者放热的目的，从而实现制冷，其组成主要为空调压缩机、风冷式冷凝器、风冷式蒸发器、热力膨胀阀、储液器及连接软管等。压缩机通过带轮和离合器与发动机主轴相连获得压缩动力，压缩后的高温高压制冷剂蒸气通过冷凝器与车室外空气换热冷却冷凝，经节流阀节流降压后进入蒸发器，在蒸发器内吸热蒸发，从而获得冷量，如图 4-2 所示。

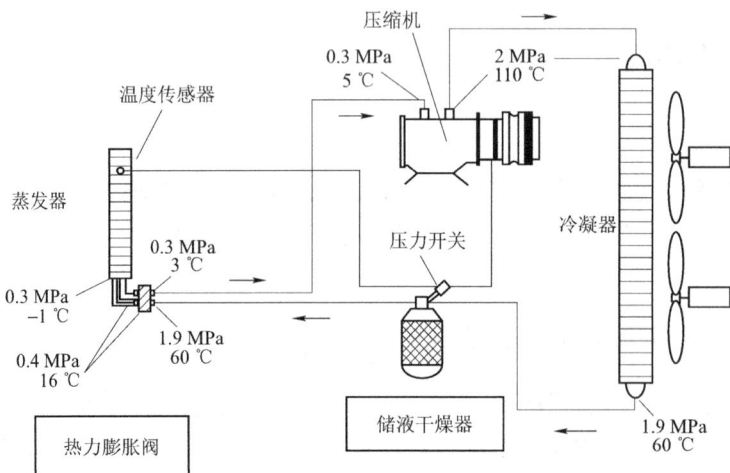

图 4-2　制冷原理图

采用压缩式的电动汽车空调系统与传统汽车空调系统并无本质区别，其主要不同点如下：

（1）电动汽车没有发动机的余热可以利用，需采用热泵型空调系统或辅助加热器。

（2）电动空调压缩机采用电动机直接驱动，这对压缩机的高转速性和密封性要求较高。

（3）电动汽车空调除了给车厢提供冷量外，还需要供给一部分冷量用于冷却蓄电池，因为蓄电池必须在恒定的温度范围内才能高效工作。

4.1.2　电动压缩机制冷与电加热器制热混合调节空调系统

在该方案中，制冷由电动机驱动压缩机实现，制热由专门加热装置来实现。与热泵式空调系统相比，该方案对整车结构的改变较小，只需用电动压缩机替代机械式压缩机即可实现。丰田普锐斯轿车采用的就是该种方案，其制冷工况通过采用电动空调实现，暖风为PTC暖风，制冷、制热迅速。动力电池组的直流电经逆变器后为空调压缩机驱动电动机供电，空调电动机带动压缩机产生制冷效果。控制器将传感器送来的电池组电量信号以及温度控制信号进行处理后，通过输出端控制驱动逆变器，从而通过驱动电动机控制压缩机的功率和转速。

目前市面上的电动汽车多采用加热器的电制热方式，加热器一般配置在驾驶席和副驾驶席之间的地板下方。加热器由可用电发热的PTC（Positive Temperature Coefficient，PTC，即正温度系数）加热器元件、将加热器元件的热量传送至散热剂（冷却液）的散热扇、散热剂流路和控制底板等组成。因要求加热器要有较高的制暖性，因此，电源使用的是驱动电动机的锂离子充电电池的高压电源，而非辅助电池（12 V）。如果是纯电动汽车专用产品，也可以不使用冷却液，直接用鼓风机吹送经PTC加热器加热的暖风。

由于要制造的加热单元要使用动力电池的高电压，用少量放热元件产生大量热量，因此，需要丰富的设计和制造技术经验。加热器机身内部有板状加热器元件，通过在元件两侧通入散热剂提高散热性。加热器元件采用了普通的PTC元件，电阻值会随着热敏电阻本体温度的变化呈现出阶跃性的变化，PTC元件夹在电极中间，具有电阻随元件温度改变的性质。在低温区，电阻低，电流流通产生热量，随着温度升高，电阻逐渐增大，电流难以流通，发热量随之降低。PTC元件的特性符合汽车的制暖性能要求，即具备在低温区的高制暖性能。PTC实物如图4-3所示，其特性曲线如图4-4所示。

图4-3　PTC实物图

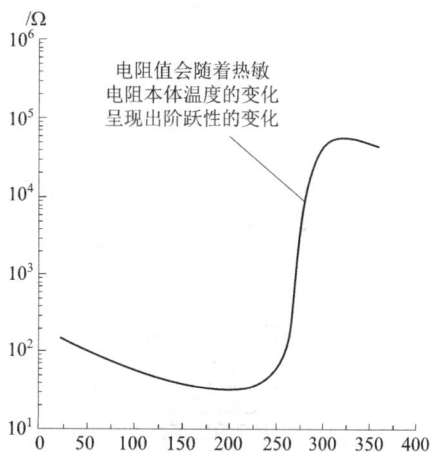

图4-4　PTC材料特性示意图

发动机车的制暖系统由发动机、冷却液、加热芯和送风的鼓风机电动机组成。吸收发动机热量而温度升高的散热剂在加热芯内部流过，车内冷空气从加热芯外部流过，为车内制暖。所以只要有冷却液式的加热器和电动水泵就能实现制暖。

此外，目前加热器的 ECU 与空调系统整体是各自独立的，故也可将 ECU 与加热器融为一体。汽车厂商努力为 EV 配备了多个加热器元件，可以使其制暖能力提高到与发动机车相当。但是，为了尽量把电池容量用于提高续驶里程，汽车厂商在设计时对制暖耗电进行了抑制。

4.1.3　热泵型电动汽车空调系统

在理论上，制冷循环逆转可以用于制暖。但在环境温度低的情况下，制暖性能会下降，无法满足在低温区汽车的制暖性能要求。利用电动压缩机压缩冷媒并使其循环，行驶时，冷媒在冷凝器中受风冷却，而且在冬天，当冷凝器（制暖时改为蒸发器）结霜时，制暖性能也难以发挥。这就需要考虑增加为冷凝器（制暖时为蒸发器）加温除霜的系统。

制暖原本在某些情况下需要比制冷具有更高的性能。例如，在冬天制暖行驶时，为防止车窗起雾一般会导入车外空气。汽车因在行驶的同时要向车外排放加热了的空气，故此时制暖需要比制冷具有更高的性能。

热泵型空调具备电动汽车空调节能高效的要求，对于不同类型的电动汽车，其通用性较好，并且对整车结构改变较小，是将来电动汽车空调的主要发展趋势。

热泵型空调系统是在原有燃油汽车上进行改进的，压缩机是由永磁直流无刷电动机直接驱动的，系统的工作原理如图 4-5 所示。该系统与普通的热泵型空调系统并无本质区别，由于在电动车上使用，压缩机等主要部件有其特殊性，而且在国外，热泵技术已经具备了一定的基础。该技术最大的优点就是制冷、制热效率高。全封闭电动涡旋压缩机系统是由一个直流无刷电动机驱动，通过制冷剂回气冷却的系统，具有噪声低、振动小、结构紧凑、质量轻等优点。在测试条件为环境温度 40 ℃、车内温度 27 ℃、相对湿度 50% 的工况下，系统稳定时它能以 1 kW 的能耗获得 2.9 kW 的制热量；在 -10 ℃～40 ℃的环境温度下，均能以较高的效率为电动汽车提供舒适的驾乘环境。若能在零部件技术上得到改进，相应效率还可以得到提高。

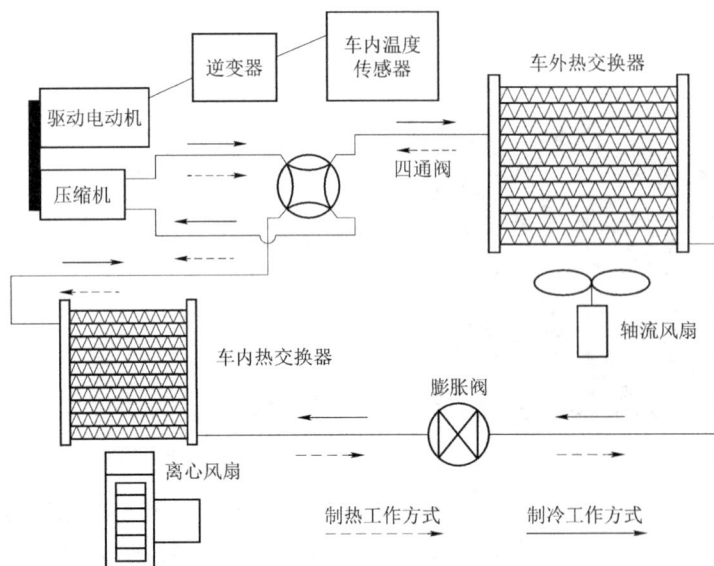

图 4-5　热泵型空调系统的工作原理

目前热泵型电动汽车空调最大的瓶颈是低温制热问题，尤其是在我国的东北地区，这也是将来该行业研究的难题之一。为了使热泵型电动汽车空调更节能高效，一般从以下几个角度去着重解决：开发更高效的直流涡旋压缩机；开发控制更精准、更节能的硅电子膨胀阀；采用高效的过冷式平行流冷凝器；改善微通道蒸发器结构，使制冷剂蒸发更均匀。此外，电动汽车开门的次数以及在行车中受车速、光照、怠速等因素的影响，空调湿热负荷大。压缩机乃至整个空调系统都要适应这种多因素变化工况，因此热泵型电动汽车空调系统变工况设计尤为重要。

汽车空调热泵系统与普通的家用空调比较接近，是对普通家用空调使用场合的一种扩展。为防止制热时因除霜导致室内舒适性下降，采用了热气旁通不间断制热除霜方式。除霜时，运行原理与制热基本相同，只是将融霜电磁阀打开，使从压缩机出来的高温高压的过热气体有一部分被分流到室外换热器的入口，迅速把室外换热器的温度提高到 0 ℃以上，融掉室外换热器上的霜层，使换热器保持良好的换热效率。

❄ 4.2 电动汽车转向系统

4.2.1 电动助力转向系统的结构和原理

1. 电动助力转向系统（EPS）的结构

如图 4-6 所示，电动助力转向系统（EPS）利用电动机产生的动力协助驾驶人进行动力转向。EPS 一般是由转矩（转向）传感器、电子控制单元（ECU）、助力电机、减速器、机械转向器以及供电电源所构成的。

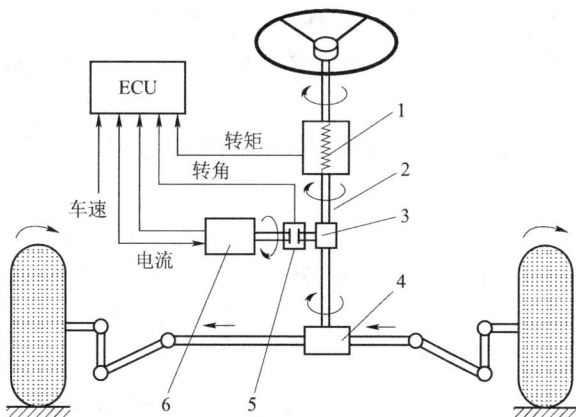

图 4-6　电动助力转向系统结构

1—转矩传感器；2—转向轴；3—减速器；4—齿轮齿条转向器；5—离合器；6—助力电动机

1）转矩传感器

转矩传感器用来测量驾驶人作用在转向盘上的力矩大小和方向，以及转向盘转角的大小和方向，目前采用较多的是扭杆式电位计传感器，它是在转向轴位置加一根扭杆（见图 4-7），通过扭杆检测输入轴与输出轴的相对扭转位移而得到转矩的。

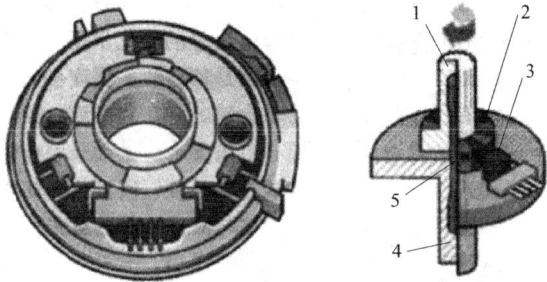

图 4-7　电动助力转向系统 EPS 的转矩传感器
1—转向柱连接块；2—磁性转子；3—磁阻传感器元件；4—转向小齿轮连接块；5—扭杆

2）助力电动机

助力电动机通常选用有刷直流电动机或无刷直流电动机，这里以无刷直流电动机为例进行介绍。无刷直流电动机主要分为旋变式和霍尔式两种，旋变式无刷直流电动机及其控制系统价格昂贵，但它是未来发展的方向；而霍尔式无刷直流电动机转矩波动较大、噪声偏大、耐低温性能较差，故现在 EPS 公司一般很少采用霍尔式无刷直流电动机及其控制系统。旋变式无刷直流电动机及控制系统的优点在于：转子位置检测（旋转变压器），实现转子位置的实时检测；采用矢量控制算法，实现正弦波控制和转矩稳定输出；绕组电流为正弦波，谐波分量小，转矩脉动低；运行平衡性好，噪声低，响应快，定位精度高；与方波驱动比，转矩脉动小。

助力电动机根据电子控制单元的指令输出适宜的辅助转矩，是 EPS 的动力源。例如，用于 1.6 L 排量以下汽车的助力电动机功率一般在 300 W 以下；用于 2.0 L 汽车的助力电动机功率一般在 300 W 左右。助力电动机对 EPS 系统性能的影响很大，是 EPS 的关键部件之一，系统不仅要求电动机低转速、大转矩、波动小、转动惯量小、尺寸小、质量轻，而且要求其可靠性高、易控制。为了增强转向操纵时驾驶人的"手感"并降低噪声和振动，需要对电动机的结构进行些特殊处理，如沿转子的表面开出斜槽或螺旋槽、将定子磁铁设计成不等厚等。

转向助力用电机需要正反转控制，其正反转控制原理如图 4-8 所示，图示中 a_1 和 a_2 为触发端信号。当 a_1 端得到输入信号时，晶体管 VT_1 导通（VT_1 得到基极电流而导通），电流经 VT_3、电动机 M、VT_1 和搭铁（地线）而构成回路，于是电动机正转；当 a_2 端得到输入信号时，电流则经 VT_1、电动机 M、VT_4 和搭铁而构成回路，电动机因电流方向相反而反转。控制触发信号端电流的大小，就可以控制通过电动机电流的大小。

3）电磁离合器

图 4-9 所示为单片干式电磁离合器的工作原理，当电磁离合器控制电流通过集电环进入电磁离合器线圈时，主动盘产生电磁吸力，带花键的压板被吸引与主动轮压紧，于是电动机的动力经轴、主动盘、压板、花键和从动轴传递给执行机构。EPS 中的电磁离合器主要起安全保护作用。在 EPS 发生故障、助力电动机工作电流过大等情况下，电磁离合器会及时断开，汽车仍可以以传统的机械转向装置进行工作，从而保障整个系统和行车的安全。为了使电动机和电磁离合器的惯性不会影响到转向系的工作，离合器应及时分离以切断辅助动力。

4）减速机构离合器

减速机构离合器与电动机相连，可以起减速增矩作用，离合器装在减速机构一侧是为了保证 EPS 只在预先设定的车速（如 0～45 km/h）范围内起作用。目前的减速机构有多种组合方式，一般采用蜗轮蜗杆与转向轴驱动组合式，也有的采用两级行星齿轮与传动齿轮组合式。为了抑制噪声和提高耐久性，减速机构中的齿轮大多采用特殊齿形，并由树脂材料制成。

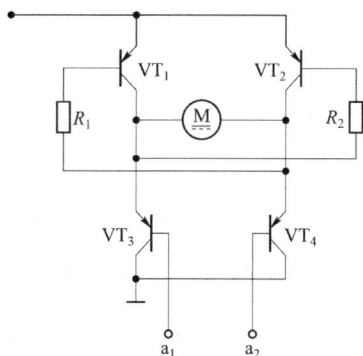

图 4-8 助力电机正反转控制原理图

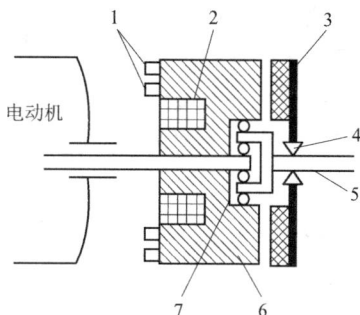

图 4-9 单片干式电磁离合器工作原理

1—集电环；2—线圈；3—压板；4—花键；

5—从动轴；6—主动盘；7—球轴承

5）电子控制单元（ECU）

ECU 的功能是根据转矩传感器信号和车速传感器信号进行逻辑分析与计算后，发出指令控制电动机和离合器的动作。此外，ECU 还具有安全保护和自我诊断功能。ECU 作为关键部件，主要由微处理器、与传感器输入信号相匹配的接口电路、微处理器内置的模数转换器（A/D）、脉冲宽度调制器（PWM）、监测微处理器工作的监测电路、电动机的驱动电路和场效应管（MOSFET）组成的放大驱动电路等部分组成。

电子控制单元示意图如图 4-10 所示，图 4-11 所示为某电动汽车助力转向系统电路图。

2. 电动助力转向系统的分类

根据助力电动机驱动部位和机械结构的不同，可将电动助力转向系统分为转向轴助力式、转向器小齿轮助力式和齿条助力式，如图 4-12 所示。

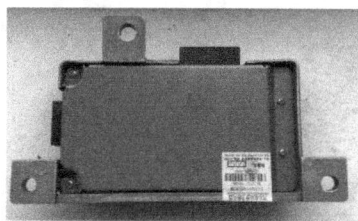

图 4-10 电子控制单元示意图

1）转向轴助力式 EPS

如图 4-12（a）所示，其转矩传感器、助力电动机、离合器和转向助力机构组成一体，安装在转向柱上。其特点是结构紧凑，所测取的转矩信号与控制直流电动机助力的响应性较好。这种类型一般在小排量轿车上使用。

2）小齿轮助力式 EPS

如图 4-12（b）所示，其转矩传感器、助力电动机、离合器和转向助力机构仍为一体，只是整体安装在转向小齿轮处，直接给小齿轮助力，这样可获得较大的转向力。这种方式可使各部件的布置更方便，但当转向盘与转向器之间装有万向传动装置时，取得的转矩与助力车轮部分不在同一条直线上，助力控制特性难以保证准确。

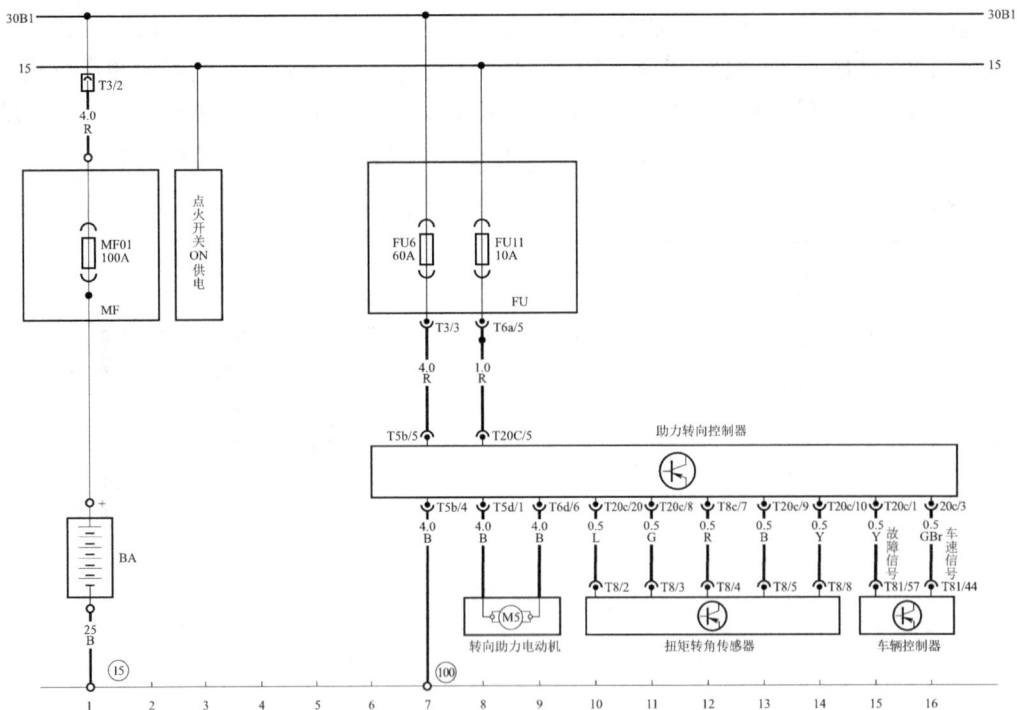

图 4-11　某电动汽车助力转向系统电路图

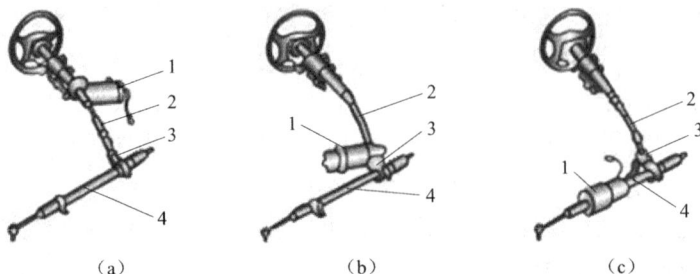

图 4-12　电动助力转向系统类别

（a）转向轴助力式；（b）齿轮助力式；（c）齿条助力式

1—电动机；2—转向轴；3—转向齿轮；4—转向齿条

3）齿条助力式 EPS

如图 4-12（c）所示，其转矩传感器单独安装在小齿轮处，电动机与转向助力机构一起安装在小齿轮另一端的齿条处，用以给齿条助力。该类型根据减速传动机构的不同又分为两种：一种是电动机做成中空的，齿条从中穿过，电动机的动力经一对斜齿轮和螺杆螺母传动副以及与螺母制成一体的铰接块传给齿条。这种结构是第一代电动助力转向系统，但是由于电动机位于齿条壳体内，故结构复杂，价格高，维修也困难。另一种是电动机与齿条的壳体相互独立，电动机的动力经另一小齿轮传给齿条，其易于制造和维修，成本低。因为齿条由一个独立的齿轮驱动，故可给系统较大的助力，主要用于大排量轿车。

3. 电动助力转向系统（EPS）的工作原理

如图 4-13 所示，汽车在转向时，转矩传感器把采集到的转向盘转矩和转动方向信号、车速传感器把采集到的汽车行驶速度信号，通过数据总线发给电子控制单元（ECU），ECU根据转动转矩、转动的方向、行驶速度等数据信号，进行综合逻辑分析与计算后，选择一条合适的助力特性曲线,向助力电动机控制器发出动作指令，通过驱动芯片使功率器件（MOSFET）按一定的占空比导通，电动机按转向盘转动的速度和方向产生所需的助力转矩协助驾驶人进行转向操纵，从而实现助力转向。电控单元（ECU）根据各传感器输入的信号通过查询控制策略表确定控制参数，并根据控制参数控制电动机转动。另外ECU还需要对系统进行故障诊断，一旦发现故障，将中断对电动机供电，EPS的故障指示灯点亮，并将故障以代码的形式进行存储记忆。电动机控制装置主要由电动机驱动芯片、功率场效应管（MOSFET）、驱动电动机正向和反向转动的驱动电路、电流传感器及控制电动机电路通断的继电器组成。ECU对电动机的驱动电路进行监测，当驱动电流不正常时将中断向电动机供电，转向控制（包括常规控制、回正控制和阻尼控制）是EPS开发的核心之一。汽车在低速行驶进行转向时，ECU对电动机进行常规控制，由于要求电动机的端电压随转向盘转速提高而增大，所以场效应管的占空比将随转向盘转速的提高而增大，这样可使转向机具有较高的转向响应，转向操作灵敏轻便。以前的EPS大多数是在汽车低速时助力，当车速高于43～52 km/h时（根据设计要求确定），停止电动机的助力并切断电磁离合器。也有采用全程助力方式的，即汽车在高速行驶时仍不切断离合器，利用电动机本身及其内部电路构成的回路对汽车原有的转向系统增加一个阻尼，这样能够进一步提高汽车高速行驶的稳定性，且进一步降低了汽车高速转向变道时转向盘"发飘"的现象，提高了驾驶人驾驶的舒适性。回正控制可以改善转向盘的回正性。在汽车低速行驶过程中，当转向盘转动后回到中位时，电控单元对电动机进行回正控制，电动机将产生一个与电动机转速成正比的阻力矩，电控单元将使电动机电流逐渐减小，转向车轮迅速回正，使汽车具有良好的回正特性。在汽车高速行驶过程中，当转向盘转动后回到中位时，电控单元将使电动机电流逐渐减小，对转向车轮产生回正阻尼，使汽车具有稳定的转向特性。阻尼控制可以衰减汽车高速行驶时出现的转向盘抖动现象，消除转向车轮因路面输入引起的摆振现象。在EPS中，电动机的转动惯量使得系统的转动惯量大于传统系统的转动惯量。因此，当电动机转动惯量较大时，阻尼控制是很有效的方法之一。当电动机转矩小于设定值时，转速会大于阻尼控制表中的数据，例如，转向盘转速很高，但没有对转向盘施加作用（引起转向盘抖动），即需要进行阻尼控制以提高路面路感。

EPS工作原理如图4-13所示。

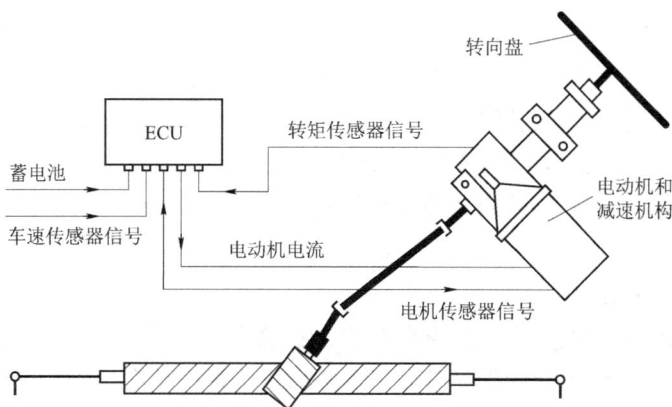

图4-13　EPS工作原理

4.2.2　电动线控转向系统的结构和工作原理

1. 电动线控转向系统的结构

如图 4-14 所示，电动线控转向系统由转向盘总成、转向执行总成和主控制器（ECU）3 个主要部分以及自动防故障系统及电源等辅助系统组成，如图 4-14 所示。

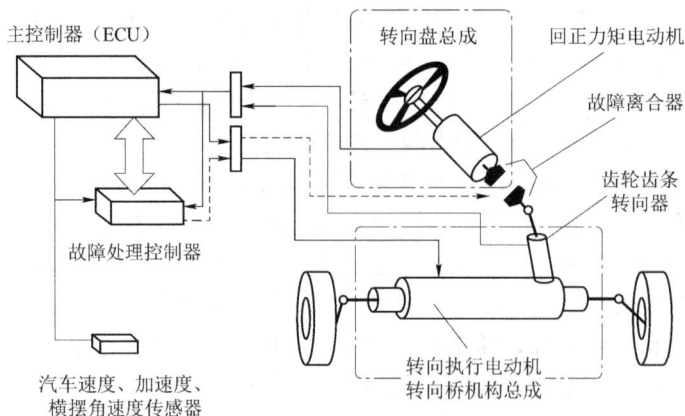

图 4-14　电动线控转向的结构图

1）转向盘总成

转向盘总成包括转向盘、转向盘转角传感器、力矩传感器、转向盘回正力矩电动机。转向盘总成的主要功能是将驾驶人的转向意图（通过测量转向盘转角）转换成数字信号，并传递给主控制器，同时接收主控制器送来的力矩信号，产生转向盘回正力矩，以提供给驾驶人相应的路感信息。

2）转向执行总成

转向执行总成包括前轮转角传感器、转向执行电动机、转向电动机控制器和前轮转向组件等。转向执行总成的功能是接收主控制器的命令，通过转向电动机控制器控制转向车轮转动，实现驾驶人的转向意图。

3）主控制器

对采集的信号进行分析处理，判断汽车的运动状态，向转向盘回正电动机和转向电动机发送指令，控制两个电动机的工作，保证各种工况下都具有理想的车辆响应，以减少驾驶人对汽车转向特性随车速变化的补偿任务，减轻驾驶人负担。同时控制器还可以对驾驶人的操作指令进行识别，判定在当前状态下驾驶人的转向操作是否合理。当汽车处于非稳定状态或驾驶人发出错误指令时，线控转向系统会将驾驶人错误的转向操作屏蔽，而自动进行稳定控制，使汽车尽快地恢复到稳定状态。

4）自动防故障系统

自动防故障系统是线控转向系的重要模块，它包括一系列的监控和实施算法，针对不同的故障形式和故障等级做出相应的处理，以求最大限度地保持汽车的正常行驶。作为应用最广泛的交通工具之一，汽车的安全性是必须首先要考虑的因素，是一切研究的基础，因而故障的自动检测和自动处理是线控转向系统最重要的组成系统之一。

5）电源系统

电源系统承担着控制器、两个执行电动机以及其他车用电器的供电任务，其中仅前轮转角执行电动机的最大功率就有 $500\sim800$ W，加上汽车上的其他电子设备，电源的负担已经相当沉重。所以要保证电源总线在大负荷下稳定工作，电源的性能就显得十分重要。在 42 V 供电系统中这个问题将得到圆满的解决。

2. 电动线控转向系统的工作原理

传统汽车转向系统是一种机械系统，汽车的转向运动是由驾驶人操纵转向盘，通过转向器和一系列的杆件传递到转向车轮而实现的。汽车线控转向系统取消了转向盘与转向轮之间的机械连接，完全由电能实现转向，摆脱了传统转向系统的各种限制。它不但可以自由设计汽车转向的力传递特性，而且可以设计汽车转向的角传递特性。电动汽车线控转向系统的工作原理框图如图 4-15 所示。用传感器检测驾驶人的转向意图，然后通过数据总线将信号传递给车上的 ECU，并从转向控制系统获得反馈命令；转向控制系统也从转向操纵机构获得驾驶人的转向指令，并从转向系统获得车轮情况，从而指挥整个转向系统的运动。转向系统控制车轮转到需要的角度，并将车轮的转角和转动转矩反馈到系统的其余部分，如转向操纵机构，以使驾驶人获得路感。这种路感的大小可以根据不同的情况由转向控制系统控制，将驾驶人的转向意图（通过转向柱上的转向盘角位移传感器输出转向盘左转或右转的转角信号）转换成数字信号并传递给转向控制器，在转向拉杆上安装一个线位移传感器，利用转向拉杆左、右移动的位移量 s 来反映转向车轮转角的大小，即转向控制器根据转向盘转角计算出拉杆的位移量 s，当转向拉杆的位移量达到所需值时，转向控制器切断转向电动机的电源，转向轮的偏转角不再改变。由于所选用的转向电动机是蜗轮蜗杆式减速电动机，其运动不能逆向传动，因此，转向轮可保持所设定的偏转角不变。当再次改变转向盘转角的大小时，转向控制器便重复上述控制过程，并计算出新的转向拉杆的移动位移量 s_1。当转向拉杆的位移量达到 s_1 时，转向控制器再次切断转向电动机的电源，汽车便保持新的转向状态，这种转向轮偏转角随转向盘转角的变化而变化的功能，就是所谓的转向随动作用。

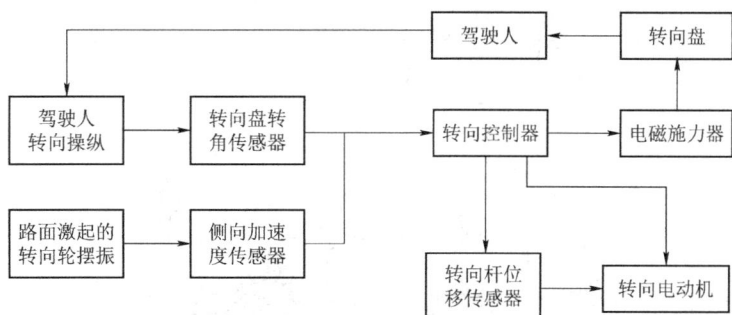

图 4-15　电动汽车线控转向系统的工作原理框图

4.3　电动汽车制动系统

制动系统是汽车的安全系统。制动系统中包括因外界（主要是路面）对汽车某些部分（主要是车轮）施加一定的力，从而产生对汽车进行一定程度的强制制动的一系列专门装置。制动系统的作用：使行驶中的汽车按照驾驶员的要求进行强制减速甚至停车；使已停驶的汽车在各种道路条件下（包括在坡道上）稳定驻车；使下坡行驶的汽车速度保持稳定。

4.3.1 电动真空助力制动系统

　　传统内燃机轿车的制动系统真空助力装置的真空源来自于发动机进气歧管，真空度负压一般可达到 0.05～0.07 MPa，对于由传统车型改装成的纯电动车一般可达到 0.05～0.07 MPa。对于由传统车型改装成的纯电动汽车或燃料电池汽车，发动机总成被拆除后，制动系统由于没有了真空助力源而丧失了真空助力功能，仅由人力所产生的制动力无法满足行车制动的需要，因此需要对制动系统真空助力装置进行改进，而改进的核心问题是产生足够压力的真空源。为了产生足够的真空，除了一个具有足够排气量的电动真空泵外，为了节能和可靠，还要为电动真空泵电动机设计合适的工作时间。一般燃油车会在 4～5 s 内产生 50 kPa（相对压力，下同）以上的真空度，所以在用制动系统的电动真空泵替代原发动机驱动的真空泵时，电动真空泵也需在 4～5 s 可产生 50 kPa 以上的真空度。

　　汽车制动系统常采用真空助力或压力助力，真空泵产生的真空度越大，制动助力性能越好，驾驶员踩踏板也就越省力。因此，对于真空助力制动系统电动真空泵，在设计或选择上，应尽量使真空度满足制动性能的要求。

　　计算结果表明，当电动真空泵最小真空度为 37.5 kPa 时，可为制动系统提供满足设计要求的制动助力。

　　图 4-16 所示为电动真空助力制动系统的基本构成，真空助力器安装于制动踏板和制动主

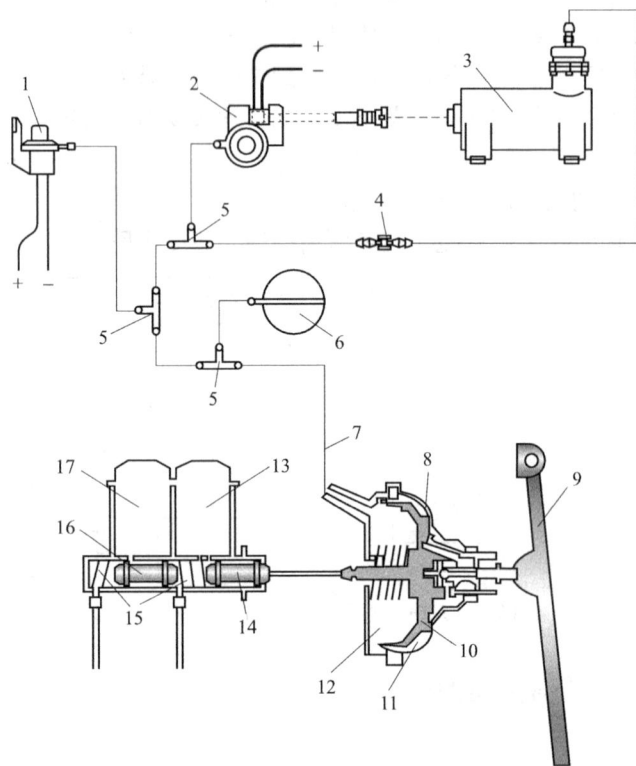

图 4-16　电动真空助力制动系统的基本构成

1—压力报警器；2—压力延时开关；3—电动真空泵；4—单向阀；5—三通阀；6—真空罐；7—真空软管；8—真空助力器；
9—制动踏板；10—隔膜；11—后室；12—前室；13—主储罐；14—主活塞；15—弹簧；16—辅助活塞；17—辅助储罐

缸之间，由踏板通过推杆直接操纵。助力器与踏板产生的力叠加在一起作用在制动主缸推杆上，以提高制动的输出压力。真空助力器由带有橡胶膜片的活塞分为前室（常压室）和后室（变压室，大气阀打开时可与大气相通），一般常压室的真空度为 60～80 kPa（即真空泵可以提供的真空度大小）。真空助力器所能提供的助力的大小取决于其常压室与变压室气压差值的大小。当变压室的压力达到外界大气压时，真空助力器可以提供最大的制动力。真空泵所产生的真空度的大小及速度关系到真空助力器的工作状态；真空泵的容积大小关系到助力器性能，进而影响到制动系统在各种工况下能否正常工作。电动真空助力制动系统示意图如图 4-17 所示。

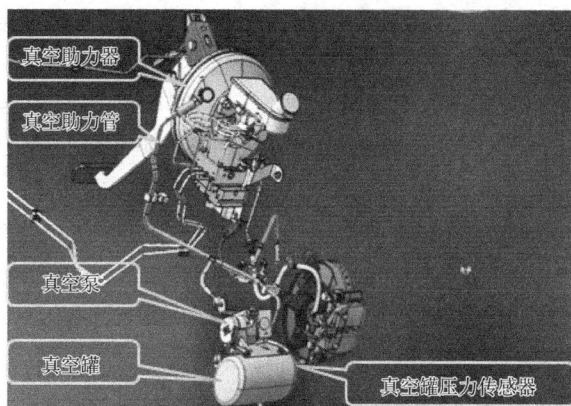

图 4-17　电动真空助力制动系统示意

电动真空助力制动系统的控制过程如下：

（1）接通汽车 12 V 电源，压力延时开关闭合，真空泵大约工作 30 s 后开关断开，此时真空罐内真空度约为 80 kPa；

（2）当真空罐内真空度降至 55 kPa 时，压力延时开关再次闭合；

（3）当真空罐内真空度降至约 34 kPa 时，压力报警器发出信号。

如果真空泵控制开关存在很明显的短时间开启和关闭，说明发生了泄漏。根据这个控制策略，设计了间歇性真空发生系统，该间歇性真空发生系统的基本工作原理是：当驾驶员发动汽车时，12 V 电源接通，压力延时开关和压力报警器开始压力自检，如果真空罐内的真空度小于 55 kPa，压力膜片将会挤压触点，从而接通电源，真空泵开始工作；当真空度增加到 55 kPa 时，压力延时开关断开，然后通过延时继电器使真空泵继续工作大约 30 s 后停止；每次驾驶员有制动动作时，压力延时开关都会自检，从而判断电动真空泵是否应该工作；如果真空罐内的真空度低于 34 kPa，真空助力器不能提供有效的真空助力，此时压力报警器将会发出信号，提醒驾驶员注意行车速度。

电动真空助力泵控制也可采用电控单元控制，只要把压力开关换成绝对压力传感器，电动真空泵由控制单元控制继电器控制即可。国内的一些纯电动汽车采用了由真空助力器、真空度传感器、整车控制器 ECU、电动真空泵工作继电器、真空泵电动机组成的一个闭环真空度控制系统，以保证制动时真空助力器能够正常工作。

4.3.2　电动机再生制动

再生制动是电动汽车所独有的，即在减速制动（制动或者下坡）时将车辆的部分动能转化为电能，转化的电能储存在储存装置中，如各种蓄电池、超级电容器和高速飞轮，以增加电动汽车的续驶里程。如果储能器已经被完全充满，再生制动就不能实现，所需的制动力就只能由常规的液压制动系统来提供。现在几乎所有的电动汽车都安装了再生液压制动系统，从而达到节约制动动能、回收部分制动动能及为驾驶员提供常规制动性能的目的。

一般而言，当电动汽车减速、在公路上放松加速踏板巡航或踩下制动踏板停车时，再生制动系统均会起动。正常减速时，再生制动的力矩通常保持在最大负荷状态；电动汽车高速巡航时，其驱动电动机一般在恒功率状态下运行，驱动力矩与驱动电动机的转速或者车辆速度成反比。因此，恒功率下驱动电动机的转速越高，再生制动的能力就越低。另一方面，当踩下制动踏板时，驱动电动机通常运行在低速状态。由于在低速时，电动汽车的动能不足以为驱动电动机提供能量来产生最大的制动力矩，因而再生制动能力会随着车速降低而减小。电动汽车的再生制动力矩通常不能像传统燃油汽车中的制动系统一样提供足够的制动减速度，所以在电动汽车中，再生制动和液压制动系统通常共同存在。不过，只有当再生制动已经达到最大制动能力而且还不能满足制动要求时，液压制动才起作用。

再生液压混合制动系统是电动汽车所独有的，再生制动与液压制动之间的协调是问题的关键所在，而且应该考虑如下特殊要求：为了使驾驶员在制动时有一种平顺感，液压制动力矩应该可以根据再生制动力矩的变化进行控制，最终使驾驶员获得所希望的总力矩。同时，液压制动的控制不易引起制动踏板的冲击，因而不会给驾驶员一种不正常的感觉。

可利用 ABS 扩展到 ESP 功能实现电动泵的油压升高，这要求 ABS 的 ESP 模块与整车控制系统进行通信，可以把再生制动软件写在 ABS 模块，驱动油泵及控制摩擦制动和制动助力的真空源，ABS 与整车控制器通信，控制再生制动的强度即可。液压制动力矩是电控的，即将产生的液压传到制动轮缸上，因而再生液压制动系统需要有防止制动失效的机构。为了提高系统的可靠性，满足安全标准，系统一般采用双管路制动，当其中一条管路失效时，另一条管路必须能提供制动力。

为了使车辆能够稳定地制动，前、后车轮上的制动力必须能够很好地平衡分配。此外，为防止汽车发生滑移，加在前、后轮上的最大制动力应该低于允许的最大值（主要由滚动阻力系数决定）。

电动汽车采用的再生液压混合制动系统即可满足上述要求，其基本结构如图 4-18 所示。

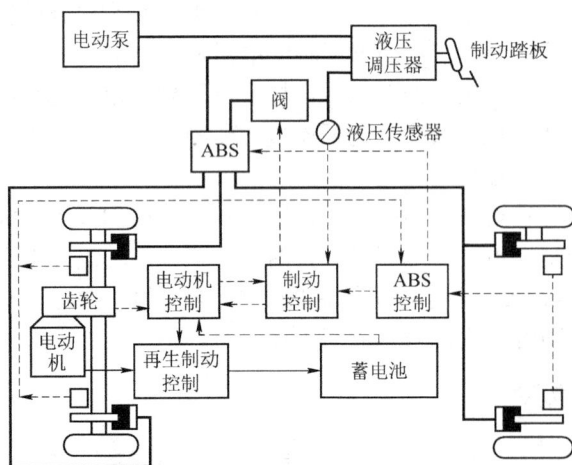

图 4-18 再生液压混合制动系统的基本结构

驾驶员踩下制动踏板后，电动泵使制动液增压，产生所需的制动力，制动控制与电动机控制协同工作，确定电动汽车上的再生制动力矩和前后轮上的液压制动力。再生制动时，再生制动控制回收再生制动能量，并且反充到蓄电池中。电动汽车上的 ABS 及其制动比例控制阀（ABS 的扩展功能 EBD 元件）的作用与传统燃油车上的相同，即产生最大的制动力。电动泵可以利用现有汽车 ABS 扩展功能中的 ESP 电动供能泵作为动力源。

✿ 4.4　电动汽车冷却系统

目前纯电动汽车的冷却系统主要分为两部分：一是对动力系统的驱动电动机、车辆控制器和 DC/DC 等部件的冷却；二是对供电系统的动力电池（锂电）和车载充电器的冷却。动力电池冷却性能的好坏，直接影响着电池的效率，同时也会影响到电池寿命及其使用安全，其在轻量化、低能耗、高效率、低成本等方面的要求与传统车辆的冷却系统一致；不同的是纯电动汽车冷却系统针对的充电器部件受温度影响更加明显，所以对温度的控制要求更加精确。同时，由于纯电动汽车的动力系统和供电系统的电子部件耐受温度低、整车降噪小，使得纯电动汽车对冷却系统的散热性能和噪声的要求较传统车辆更为严格。因此，开发高效可靠的冷却系统，势必成为纯电动汽车动力系统进一步提高效率、改善续驶里程的关键技术之一。

4.4.1　动力电池冷却方案

动力电池的冷却主要有风冷、制冷剂冷却和水冷三种方式，目前市场上的纯电动汽车主要以风冷为主。风冷方式又分为自然冷却和强制冷却；制冷剂冷却方式是直接利用制冷剂对动力电池进行冷却；而水冷方式是在制冷剂冷却基础上增加了第二冷却回路，该回路包括电池冷却器、电动水泵和集成在动力电池内的冷却板及冷却框架。水冷方式的冷却效率高，能够有效地进行电池热管理、实现智能控制，但是其研发、制造成本高，技术难度大。相对而言，风冷方式技术更加成熟，其研发、制造成本相对较低，目前被广泛采用。电池风冷系统主要包括通风道和鼓风机，其冷却空气主要来自乘员舱内，原理是将乘员舱内的低温空气（温度约为 25 ℃）引入动力电池中进行冷却。为减轻空调系统的负荷，冷却后约 60% 的空气返回到乘员舱内，同时利用电池包内的传感技术，反馈电池温度，控制鼓风机的负荷，从而减小鼓风机电能的消耗。

4.4.2　电动机冷却系统方案

1. 水冷方案

驱动电动机及动力系统控制单元的冷却一般集成在一个冷却回路内，称为电动机冷却系统。冷却方式有自然冷却和强制水冷两种，为了提高动力系统的效率，一般采用强制水冷方式。电动机冷却系统需要冷却的单元有驱动电动机、电动机控制器、DC/DC 及车载充电器。冷却系统的组成包括散热器、电动水泵、冷却液循环回路、电子风扇、除气室和水温传感器等。

冷却液在流经电动机控制器和电动机等热源时，热源通过热传导将热量传递给冷却液，高温冷却液通过电动水泵提供的动力经过散热器时将热量通过热传导传递给散热器芯体，冷却空气通过热对流将热量带走，完成换热过程。

按照电动机、控制器等单元对温度的要求，电动机冷却系统对水温的要求如下：

（1）电动机出水温度≤65 ℃；

（2）电动机/车辆控制器出水温度≤60 ℃；

（3）DC/DC及车载充电器出水温度≤57 ℃。

冷却液循环管路务必保证具有良好的密封性，被冷却单元的工作温度越低其效率越高，所以要求尽量降低被冷却单元的工作温度。

2. 冷却系统的关键部件

1）电动水泵

电动水泵是冷却液循环的动力元件，其主要作用是对冷却液加压，促使冷却液在冷却系统中循环，以带走系统中的热量。其一般采用的是永磁无刷直流电动机，浮动式转子与叶轮制成一体。严禁电动水泵在没有冷却液的情况下空载运行，否则将使转子和定子磨损，并最终导致水泵损坏。电动水泵电器接插件位于水泵后盖上，接插件为两线，分别为正极和负极。电动水泵安装在车身右纵梁前部下方，位于整个冷却系统较低的位置，水泵自带橡胶支架，起到降低噪声的作用。

2）电子风扇

电子风扇可提高流经散热器、冷凝器的空气流速和流量，以增强散热器的散热能力，并可冷却机舱其他附件。其采用两挡调速风扇。

冷却系统电动水泵与风扇由整车ECU控制，即根据热源（电动机、电动机控制器和充电器）的温度进行控制。由于电子风扇同时给冷凝器、散热器提供强制冷却风，故其运行策略受空调压力与整车热源温度双向控制，两者择高不择低。

3）膨胀水箱

膨胀水箱为冷却系统冷却液的排气、膨胀、收缩提供受压容积，同时也可作为冷却液加注口。手工加注流程为：打开膨胀箱盖、水箱放水阀；排空冷却系统；关闭放水阀；一次加注；起动车辆，运转水泵；二次加注；关闭膨胀箱盖。

🏁 习题

1. 简述电动空调系统的结构及作用。

2. 电动转向系统有哪几种形式？

3. 简述电动汽车制动系统的原理及作用。

4. 简述电动汽车冷却系统的形式及特点。

第五章

底盘及车身模块

◢ 本章学习目标

◆ 了解纯电动汽车底盘和传统汽车底盘的区别
◆ 了解电动汽车车身设计的注意事项

◢ 导读

汽车底盘技术的发展，相对于人类的发展史来说，可以说是微乎其微，但也有一百多年的历史了，其中包括各种制动、悬挂、转向、传动等底盘子系统技术，如今已经相当的成熟。而关于电动汽车的底盘技术，又是有怎样的发展与变化呢？电动汽车本身就是一项巨大的技术，人们摆脱传统的汽车动力，转为电动，它的底盘技术可以说是新旧技术的结合。

❊ 5.1 电动汽车底盘

汽车底盘是整个汽车的基体，不仅起着支撑蓄电池、电动机、电机控制器、汽车车身、空调及各种辅助装置的作用，同时也可将电动机的动力进行传递和分配，使其按驾驶人的意志（加速、减速、转向、制动等）行驶。按传统汽车的归类或叙述习惯，汽车底盘应包括传动、行驶、转向和制动四大系统。

对于纯电动汽车，其传动系统根据所选驱动方式的不同，不少被简化或省掉了。行驶系统包括车桥、车架、悬架、车轮和轮胎，其中车桥如采用轮毂电动机驱动即可省去；车架是整个汽车的装配基体，其作用主要是支撑连接汽车的各零部件，承受来自车内和车外的各种载荷；悬架是车架（或车身）与车轮（或车桥）之间的一切传力连接装置的总称，主要由弹性元件、减震器和导向机构等组成，它与充气轮胎一起缓和不平路面对车辆的冲击振动；车轮主要由轮辋、轮辐等组成，其内部还需要安装制动器，且可能还要安装轮毂电动机，所以结构会很紧凑；为减小电动汽车行驶时的滚动阻力，轮胎要求采用子午线轮胎。

转向系统、制动系统在第四章中已详细介绍，此处不再赘述。

由于汽车底盘所包含的上述四大系统与传统汽车基本大同小异，故前面只针对电动汽车上其具体特点进行了说明。对于传统汽车的其他部件，其结构和原理在此不再赘述，需要时可参考相关书籍。

✷ 5.2 电动汽车车身

汽车车身主要由车身本体、开启件（各种门、窗、行李箱和车顶盖等）、各种座椅、内外饰附件和安全保护装置（保险杠、安全带、安全气囊灯）组成。针对纯电动汽车能源少的特点，对于汽车车身的外形应尽可能通过缩小其迎风面积来降低空气阻力，并采用轻型高强度材料来减轻汽车自身的重量。对于车内各个部件的布局也相当重要，由于电动汽车动能主要是通过柔性的电缆来传递，即减少了大量刚性的机械连接部件的动能传递，因此电动汽车各部件布置具有较大的灵活性，并且蓄电池组也可分散布置，作为配重物来布局。纯电动汽车各个部件总体布局的原则是：符合车辆动力学对汽车重心位置的要求，并尽可能降低车辆重心高度。特别是对于采用轮毂电动机驱动实现"零传动"方式的电动汽车，不仅去掉了发动机、排气消声系统和燃油箱等相应的辅助装置，还省去了变速器、驱动桥及所有传动链，既减轻了汽车自重，又留出了许多空间，其结构发生了很大的变化。因此，车辆的整体结构布局需要重新设计，全面考虑各种因素。

另外，由于增加了蓄电池的重量，故对于安装蓄电池部位的车架强度必须有所考虑，同时为了方便蓄电池的充电、维护及更换，对蓄电池的安装方法和位置也要考虑其方便性。对环境温度有要求的蓄电池还需要考虑其散热空间及调温控制。为确保安全，还需采取密封等预防措施，以防车辆发生撞击事故时电解液泄漏伤及人身，且应具有防火等措施。

习题

1. 简述电动汽车底盘的组成。
2. 简述纯电动汽车底盘和传统汽车底盘的相同与不同点。
3. 简述纯电动汽车车身设计的注意事项。

第六章

纯电动汽车的充电

本章学习目标
◆ 熟悉纯电动汽车的充电模式及充电设施
◆ 了解纯电动汽车充电接口的标准及形式

导读

2014 年 7 月 8 日，德国总理安格拉·默克尔与中国工信部部长苗圩在清华大学共同拉动代表中、德电动汽车合作项目的手柄，"中德电动汽车充电项目"正式启动。根据合作协议，中、德两国将在电动汽车相关充电标准方面开展合作，未来中国与德国电动汽车将实现充电接口标准的完全统一。双方还将签署相关协议，最终实现充电设施的完全共享。这意味着未来比亚迪等中国电动汽车品牌，将与宝马、奥迪等德国汽车品牌使用相同的充电设施。

6.1　纯电动汽车的充电模式

对于电动汽车来说，不同的运行模式对电池的充电时间有不同的要求。而充电时间的不同，则需要不同的充电方式来满足，并且不同电池都有其最佳的充电电压、电流和充电时间。因此，电动汽车的充电技术是维持电动汽车运行的一项必要手段，对电动汽车的使用寿命影响很大。目前国内的电动汽车一般采用常规充电、快速充电和更换电池充电三种模式。

6.1.1　常规充电模式

电池采用常规模式充电时，一般需要 8～12 h。常规充电主要在晚间进行，晚间用电处于波谷，价格便宜，有效地避开了用电高峰期。电动汽车在白天运营完毕后，晚间在充电站内整车充电。全世界的优惠政策大致相同，用谷电给电动汽车充电，实行 1/3 的电价，这样既节省了充电成本，又不会影响白天的运营。常规的晚间充电一般能满足电动汽车运行的要求，但是如果白天运行时间过长，就要对电动汽车进行补充充电（补充充电属于常规充电的辅助手段）。补充充电采用直插直充的快速充电方式，由于二次电池的无记忆特性，对电池的寿命无明显影响，也不会影响电动汽车的正常运行。

6.1.2 快速充电模式

电动汽车的缺点之一在于其一次充电的持续行驶距离较短。充电时间的长短是电动汽车普及的重要影响因素。快速充电能在 20～30 min 内使电动汽车的电池电量达到或接近完全充满状态。电动汽车的快速充电器可设置在住宅公寓、公司的停车场、公共设施及购物中心等多种场所，可满足一般的充电需求。

快速充电模式可以快速补充电动汽车电池的电能。但根据电动汽车电池种类及工作原理的不同，其采用的充电模式也不同。对于个别种类的电池，采用快速充电模式对电池进行补充会影响电池的寿命。同时，当电动汽车群采用快速充电模式对电池进行补充电时，将会对供电网络及系统的稳定产生影响。只有在紧急情况下，才考虑采用快充方法，如对确实快要用完电能而将要无法行驶的电动汽车，可在就近的电源进行紧急快充，使其能够到常规充电站去充电。

6.1.3 更换电池充电模式

更换电池充电模式是将电池从电动汽车上卸下，然后安装上已充满电的电池，车辆可随即离开继续运营。在充电站，充电人员将卸下已放完电的电池通过充电架平台与充电机进行连接，并与单箱或整组的电池管理单元通信，自动完成电池的充电。快速更换电池模式是目前电动汽车界推崇的一种方法。在北京奥运会期间，电动客车 24 小时运行，其就是靠快速更换电池来保障的。通常更换电池需耗时 5～8 min，比加油还省时。更换电池充电模式更换电池组的时间很短，解决了充电时间长、续驶里程短等难题。但若采取更换电池充电模式进行运营，则必须对电池组进行标准化设计，以加强各电动汽车电池组的互换性，同时对换电站的布局、电池的流通管理等都提出了较高的要求。

对于一般用户来说，电池的维护比较困难。但如果由专业部门维护，就方便多了，而且对提高电池的寿命和行驶的经济性能都有好处。山东兖州煤矿井下的煤就是用电动小火车运输的。矿区挑选了几个经过培训的工人专职对电动小火车的电池组进行维护和更换，几十年如一日，从来没有发生过任何事故，十分方便和安全。

法国则推出了电动汽车电池租赁制，由专业电池公司实施电池租赁，用户不用买电池，只需按规定缴交同燃油费相当的电池租赁费即可。电池坏了也由生产公司负责更换和回收。这条措施非常好，用户只买电动汽车，不用买电池，再加上超价补贴，买电动汽车就与买内燃机汽车的价格大致相同了。

还有一种办法是用蓄能电站对电动汽车实行快速充电。蓄能电站用夜间谷电充电，白天用它为需要快速充电的电动汽车充电。这种直流对直流的快速充电，比快速充电机还快，而且不影响电网安全，电价又便宜。此外，还可以制造一种流动的车载储能电站，既能提供快速充电服务，又不影响电网正常工作。

6.2 电动汽车的充电接口

6.2.1 充电接口要求

充电接口是指用于连接活动电缆和电动汽车的充电部件，由充电插座和充电插头两部分构成。由于是连接电缆使用，因而充电插口是传导式充电机的必备设备。充电插头在充电过程中与充电插座结构进行耦合，从而实现电能的传输。

在电动汽车的产业化过程中，充电接口的标准化至关重要。充电接口应该满足以下几方面的要求：

（1）能够实现较大电流的传输和传导，避免因电流过大而引起插座发热和故障。

（2）插头能够与插座充分耦合，接触电阻小，避免因接触不良而引起火花塞烧蚀或虚接。

（3）能够实现必要的通信功能，便于电动汽车 CAN 通信或者电池管理系统与电动机对接。

（4）具备防误插功能：由于电动汽车使用的充电设备或者电池的型号和性能不同，因而所需要的电源就不一样；同时，由于各插头的性能不同，故插头的电极不能插错，这就需要对不同的电源插头要有一定的识别能力。

（5）具备合理的外形，便于执行插拔作业。

6.2.2　充电接口标准

目前全球主要采用的传导式充电接口系统有以下几种：

（1）IEC 62196-1，2：2012 年 1 月发布，主要被欧洲国家所采用的交流充电标准。

（2）IEC 62196-3：主要内容是对直流充电接口的定义。

（3）SAE J1772：2010 年 1 月发布，是最早实施的充电接口标准，被美国及日本广泛使用。其 5 芯的交流充电接口，在 IEC62196-2 中被定义为 Type1 接口。

（4）CHAdeMO：该协会于 2010 年 3 月 15 日成立，成员单位大多数来自日本，主旨为推进快速充电规格在日本的统一，因此主要被日本车厂所采用。

（5）GB/T 20234.1，2，3—2011：2011 年 12 月颁布，2012 年 3 月实施，共由三部分组成，形式接近于 IEC 62196-1，2，3。目前其是国标推荐标准，解决了中国国内不同地区、不同电网公司充电接口不统一的问题。

（6）供电插座：供电接口中和电源供电线缆或供电设备连接在一起且固定安装的部分。

（7）供电插头：供电接口中和充电线缆连接且可以移动的部分。

（8）车辆插座：车辆接口中固定安装在电动汽车上，并通过电缆和车载充电机或车载动力蓄电池相互连接的部分。

（9）车辆插头：车辆接口中和充电线缆连接且可以移动的部分。

充电接口相关各部分如图 6-1 所示，各国主要充电接口见表 6-1。

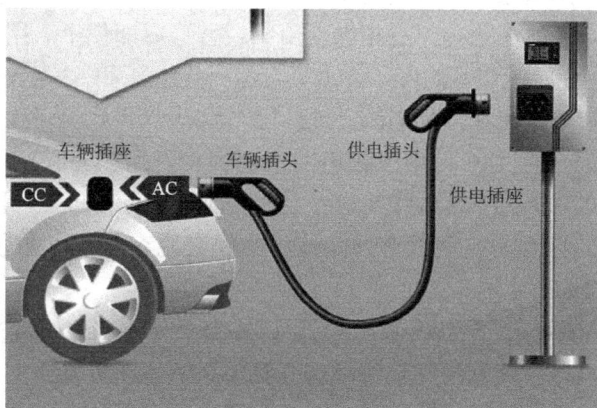

图 6-1　充电接口相关各部分

表 6–1　各国主要充电接口

形式	Type1	Type2	GB	JP
交流	SAE J1772/IEC 62196-2	IEC 62196-2	GB/T 20234.2—2011	IEC 62196-2
直流	IEC 62196-3*	IEC 62196-3	GB/T 20234.2—2011	CHAdeMO/IEC 62196-3
组合式	SAE J1772/IEC 62196-3	IEC 62196-3		

6.2.3　充电接口形式

充电接口的种类主要有三种：单相交流充电接口、三相交流充电接口和直流充电接口。

单相交流充电接口主要用于家庭用户充电设施和一些标准的公共充电设施，这类充电插头比较简单，用于单相交流电，一般有三个端子，分别是交流火线、交流零线和接地线。其与传统的电源插座类似，只是形体和额定电流较大。

三相交流充电接口和直流充电接口相对于单相交流接口要复杂得多，这类充电接口一般用于较大的充电站，为较大型的电动车辆进行充电服务，而且充电电流相对较大，外形也较大，功能复杂。由于这类插头较大，设计的形状类似于枪，所以一般也称为充电枪。

1. 交流充电接口

交流充电由于受不同国家和地区电网系统的影响，在充电标准中对充电连接器电压和电流的要求也不尽相同。比如在德国，三相电使用比较普遍，即使个人用户在住所中也可以使用，因此在 IEC 62196-2 标准中，定义了 480 V 交流充电电压和 63 A 充电电流，实际充电功率可以达到 40 kW 以上。相比在国标 GB/T 20234.2 中，虽然也定义了三相充电电压为 440V，但因为中国私人住宅及小区用户使用三相电的情况很少，所以目前交流充电电流最大只有 32 A，而实际多采用 220 V、16 A 进行充电。至于美标的 SAE J1772，因为只定义了 5 芯的充电接口，因此采用此标准的电动汽车只能使用单相交流充电，比如通用的沃蓝达（Volt）及日产的聆风（Leaf）。

从交流接口的外形来看，三种标准也有区别，其中 IEC 的 Type2 和 GB 标准最为接近，均采用 7 芯的布局，看似可以互相通用，但实际在车辆插头端由于分别采用了母头和公头插芯的设计，所以两者无法互换使用（见图 6–2）。SAE 标准由于只使用 5 芯接口，因此它的充电连接界面和 IEC 的 Type2 和 GB 完全不兼容（见图 6-2）。但 SAE 和 GB 均采用了机械锁的结构，而 IEC 只采用内部电子锁机构对车辆插头和插座进行锁定。

（a）　　　　　　　　　　　　（b）　　　　　　　　　　　　（c）

图 6-2　三种交流充电标准车辆插头接口界面比较

（a）IEC 62196-2 Type 2；（b）GB/T 20234.2-2011；（c）SAE J1772

我国制定的交流充电接口形式如图 6-3 所示。

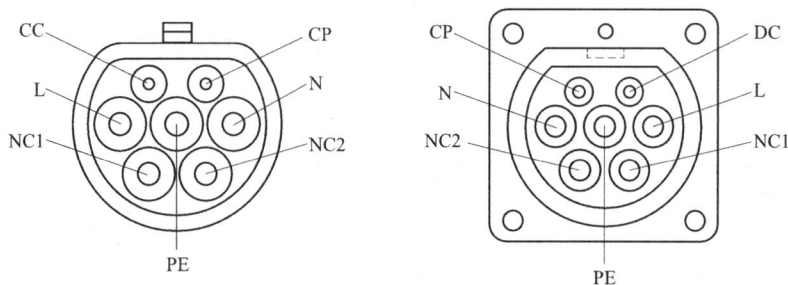

图 6-3　交流充电接口

交流充电接口端子功能定义见表 6-2。

表 6-2　交流充电接口端子功能定义

触点标识	额定电压/V	额定电流/A	功能定义
L	250	16/32	交流电源
N	250	16/32	中线
PE			保护接地，连接供电设备地线和车辆底盘地线
CP	36	2	控制确认
CC	36	2	充电连接确认
NC1			预留通信端子
NC2			预留通信端子

2. 直流充电接口

为了实现对商用车辆及乘用车辆的快速能源补给，可利用非车载充电机将交流电转换成直流电，通过直流充电接口完成充电过程。直流充电接口一般情况下承载的电流远高于交流充电接口。同时在充电过程中需通过直流充电接口中的通信端子（CAN）连接车载电池管理系统（BMS）与非车载充电机的控制器，完成对充电过程的控制及其他相关信息的交互。此外，由于商用车辆在充电过程中需要外部提供低压直流电源，以供其内部电气控制及环境控制设备使用，因此采用直流充电的车辆需要充电设施提供辅助电源。根据上述基本要求，直流充电接口包含 9 个端子，其功能定义见表 6–3。

表 6–3　直流充电接口端子功能定义

触点编号	触点标识	额定电压/V	额定电流/A	功 能 定 义
1	DC+	750	125/250	直流电源正极，连接直流电源正极与电池正极
2	DC−	750	125/250	直流电源负极，连接直流电源负极与电池负极
3	PE			保护接地，连接供电设备地线和车辆底盘地线
4	S+	36	2	充电通信 CAN_H，连接非车载充电机与电动汽车的通信线
5	S−	36	2	充电通信 CAN_L，连接非车载充电机与电动汽车的通信线
6	CC1	36	2	充电连接确认 1
7	CC2	36	2	充电连接确认 2
8	A+	36	20	低压辅助电源正极，非车载充电机为电动汽车提供低压辅助电源正极
9	A−	36	20	低压辅助电源负极，非车载充电机为电动汽车提供低压辅助电源负极

直流充电接口如图 6–4 所示。

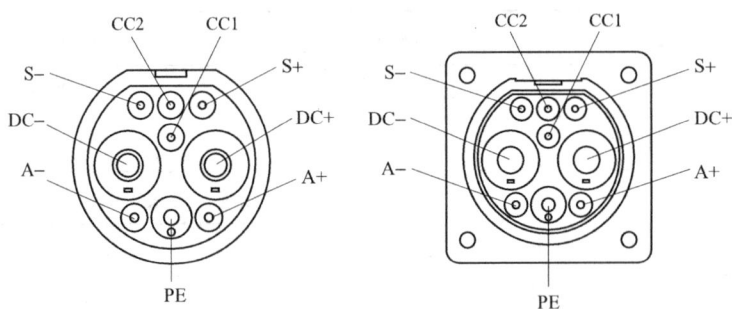

图 6–4　直流充电接口

为了解决未来电动汽车大功率充电问题，德国汽车企业提出了组合式充电接口（Combined Charging）的概念，并得到了美国车企的响应，因此新的直流充电方式应运而生。相比较目前广泛使用的 CHAdeMO 充电方式，组合式充电接口具有以下特点：充电功率更高（100 kW 以上），可以大幅缩短停车等待时间；直流和交流车辆插座（Vehicle Inlet）合二为一（见图 6–5（b）），减小了车辆插座占用的空间，并降低了成本；兼容现有的交流充电设施；采用电力载波通信方式（Power Line Communication），可扩展性强，便于今后有序充电技术的发展；直流充电只采用 5 芯连接，降低了充电线缆的成本。2012 下半年对采用 PLC 通信及组合式充电接口的电动汽车进行上路测试，而与之相关的 ISO15118 及 IEC 62196–3 标准是否会影响 CHAdeMO 及 GB 的直流充电标准，还需要经过市场的检验，不过从系统设计理念来看组合式充电接口会具有更广泛的应用前景。

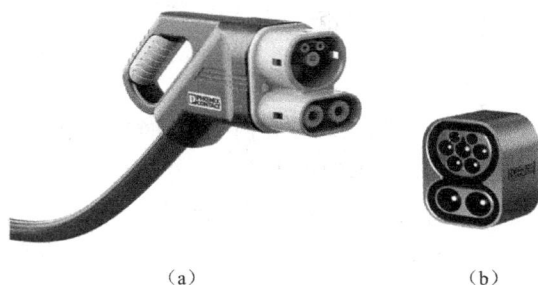

（a）　　　　　　（b）

图 6-5　标准正在制定中的交直流组合式充电接口

⚙ 6.3　电动汽车的充电设施

电动汽车充电基础设施与燃油车的加油站作用类似，但也有其独有的特点。

（1）电动汽车的充电设备可以是公共的也可以是家用的，用户可以在公共充电站充电，也可以在自家车库为电动汽车充电，只要将电动汽车车载充电器的插头插到电源插座上即可。

（2）电动汽车用户可以选择利用夜间低谷充电，这样电价较为优惠。

（3）电动汽车充电系统会给电力系统带来一些不利的影响，如谐波污染、低功率因数和高电流需求等。

6.3.1　家庭用充电设施

由于只需将车载充电机的插头插到停车场或其附近的电源插座上即可进行充电，因此对于需要为电动汽车充电的用户而言，在家里充电是最可取的方式；而且由于充电速度较慢，只需几千瓦的功率即可，并且在家充电通常是在晚上用电谷期，因而有利于电能的有效利用。家用充电设施的基本要求是有一个配有电源的车库或停车场地，有两种不同的方式：

（1）对于拥有私人车库的家庭来说，只需安装一个专用的充电电源插座即可。

（2）对于带有停车场的公寓或多层住宅来说，可安装带保护回路的室外电源插座，保证能够独立运行，而且应保证不经允许，居民不得靠近电源插座。

家用充电设施的计费方案相当简单，电动汽车可以视为一种用电设备，因此，现有的计价表和收费方法可以直接采用。很明显，家用充电方式的初始成本比较低。

6.3.2　公共充电设施

公共充电设施基本上就是一些公共充电站，公共充电站应分布广泛，以保证电动汽车用户能够随时为电动汽车充电。公共充电站又可以分为标准充电站、快速充电站和电池更换站等几种。

1. 标准充电站

标准充电站（又称充电桩）是为带车载充电机的电动汽车设计的，采用正常电流充电，一般分布在居民区或工作场所附近的停车场，规模较大，以便能够同时为很多电动汽车采用正常充电电流充电，充满电一般需要 5～8 h。实际应用时，电动汽车驾驶员只需将车停放在充电站的指定位置，接上电线即可开始充电。

2. 快速充电站

快速充电站又称应急充电站，可以在短时间内为电动汽车充电，充电时间与燃油车加油时间接近。快速充电站可以提高电动汽车的使用方便性，但是也会给电力系统带来负面影响，如谐波污染、用电高峰的高电流需求等，另外对电池使寿命也会产生很大的影响。

在上述两种充电模式中，标准充电模式适用于办公楼或商场的停车场充电，快速充电则因充电电流大而通常在公共充电站进行。

除了及时给电池充电外，还可以采用更换电池组的方式，在电池电量耗尽时，用充满电的电池组进行更换，能够更换电池组的电池更换站就可以实现这一功能。这是一种非常有发展前景的充电站，这种电池更换站除了要配备大量充电机外，还需要具有电池更换设备以自动完成电池组的更换，同时还需要大量电池及电池存放区。

习题

1. 电动汽车有哪几种充电模式？
2. 电动汽车充电接口形式有哪些？
3. 简述电动汽车充电设施的分类及特点。

第七章

典型的纯电动汽车介绍

本章学习目标

◆ 了解北汽新能源 EV200

◆ 了解比亚迪 E6

导读

新能源汽车已经成为汽车未来的发展方向和趋势，当然目前在国内，新能源汽车的市场还是以混合动力车为主，不过纯电动车也已涉及了部分出租车市场和租赁行业，其中北汽新能源的 EV150 就是典型的代表。在 2014 年的 12 月 16 日，北汽新能源旗下的全新 EV200 正式上市销售，官方指导售价为 22.69 万～24.69 万元，不过在享受补贴政策后价格下降到了 13.69 万～15.69 万元。同时 EV200 相比老款的 EV150 有了很大的进步，不仅采用了更先进的电动机和电池组来提升最大续航里程，并且采用了全新的 Tricare 控制平台，能提供更高效的安全保障和电动汽车策略优化。与此同时，在科技配置上也进行了较大的提升，其中全新的 TFT 仪表盘和远程监控技术成为其亮点所在。

7.1 北汽新能源 EV200

7.1.1 电机及控制器

1. 组成

C33DB 驱动电机采用永磁同步电机（PMSM），具有效率高、体积小、重量轻及可靠性高等优点，是动力系统的重要执行机构及电能与机械能转化的部件，且自身的运行状态等信息可以被采集到驱动电机控制器，依靠内置传感器来提供电机的工作信息。

C33DB 驱动电机控制器采用三相两电平电压源型逆变器。驱动电机系统的控制中心又称为智能功率模块，以 IGBT（绝缘栅双极型晶体管）模块为核心，辅以驱动集成电路、主控集成电路，对所有的输入信号进行处理，并将驱动电机控制系统运行状态的信息通过 CAN2.0 网络发送给整车控制器。驱动电机控制器内含故障诊断电路，当诊断出异常时，它将会激活一个错误代码，发送给整车控制器，同时也会存储该故障码和数据。

通常使用以下传感器来提供驱动电机系统的工作信息：

（1）电流传感器：用以检测电机工作的实际电流（包括母线电流、三相交流电流）；

（2）电压传感器：用以检测供给电机控制器工作的实际电压（包括动力电池电压、12 V 蓄电池电压）；

（3）温度传感器：用以检测电机控制系统的工作温度（包括 IGBT 模块温度、电机控制器板温度）。

2. 原理

1）C33DB 驱动电机系统工作原理

在驱动电机系统中，驱动电机的输出动作主要是靠控制单元给定指令执行的，即控制器输出指令。控制器主要是将输入的直流电逆变成电压、频率可调的三相交流电，供给配套的三相交流永磁同步电机使用。

2）确认低压信号线束连接

驱动电机系统状态和故障信息会通过整车 CAN 网络上传给整车控制器（VCU），传输通道是两根信号线束，分别为电机到控制器的 19PIN 插件和控制器到 VCU 的 35PIN 插件。驱动电机低压插件检修时建议先确认插件是否连接到位及是否有"退针"现象。

3）确认高压动力线束连接

动力电池的直流电通过高压盒提供给驱动电机控制器，在电机控制器上布置有 2 个高压连接插座。驱动电机控制器提供三相交流电到驱动电机，主要依靠规格 35 mm^2 的三根电缆及高压连接器，除大洋的驱动电机在 C30DB 上采用安菲诺独立插头外（对应的控制器上布置有 3 个高压连接插座），其余的都是 LS 整体式插头。上述高压连接器均具备防错差功能。

7.1.2　整车控制器

整车控制器根据车辆运行的不同情况（包括车速、挡位、电池 SOC 值）来决定电机的输出扭矩/功率。当电机控制器从整车控制器处得到扭矩输出命令时，即将动力电池提供的直流电转化成三相正弦交流电，驱动电机输出扭矩，并通过机械传输来驱动车辆。

7.1.3　减速器总成

1. 减速器概述

C33DB 搭载的减速器总成型号为 EF126B02，由中国长安汽车集团股份有限公司重庆青山变速器分公司生产，主要功能是将整车驱动电机的转速降低、扭矩升高，以实现整车对驱动电机的扭矩、转速需求。EF126B02 减速器总成是一款前置前驱减速器，采用左右分箱、两级传动结构设计，具有体积小、结构紧凑的特点；采用前进挡和倒挡共用结构进行设计，整车倒挡通过电机反转实现。减速器动力传动机械部分是依靠两级齿轮副来实现减速增扭的，其按功用和位置分为五大组件：右箱体、左箱体、输入轴组件、中间轴组件、差速器组件。

动力传递路线：驱动电机→输入轴→输入轴轴齿→中间轴齿轮→中间轴轴齿→差速器半轴齿轮→左右半轴→左右车轮。

2. 维护与保养

1）维护保养周期

对于初期保养，减速器磨合后，建议 3 000 km 或 3 个月更换润滑油，以后进行定期维护。其维护保养应在整车特约维修点进行。注意：维护周期应以里程表读数或月数判断，以先达到之一为准；适用于各种工况行驶（重复的短途行驶；在不平整或泥泞的道路上行驶；在多尘路上行驶；在极寒冷季节或盐碱路上行驶；极寒冷季节的重复短途行驶）；如不是因换油而是其他维修作业提升车辆时，也应同时检查减速器是否漏油；根据整车驾驶性能及供应商要求，整车将在维护保养时进行软件更新；要求润滑油为 GL-475W-90 合成油，持续许用温度 ≥140 ℃，油量为 0.9～1.1 L。供应商推荐使用嘉实多 BOT130，公司用油为美孚 1 号 LS。

2）整车状态下的维护保养

维护保养时，润滑油的检查方法如下：确认车辆是否处于水平状态，以检查油位；检查减速器是否有漏油痕迹，如有，应分析漏油原因、修理漏油部位；拆下油位螺塞，检查油位。如润滑油与油位螺塞孔齐平，则说明油位正常；否则，应补加规定润滑油，直到油位螺塞孔口出油为止。

维护保养时，润滑油的更换方法如下：在换油前，必须停车断电，水平提升车辆；在升起车辆的状态下，检查油位及是否漏油，如有漏油，应处理；拆下放油螺塞，排放废油；在放油螺塞上涂布少量密封胶（乐泰 5699 平面密封硅橡胶），并按规定力矩（12～18N·m）拧紧；拆下油位螺塞、进油螺塞；按规定型号及油量（加注到油位孔）加注新油；对油位螺塞、进油螺塞涂布少量密封胶，并按规定力矩拧紧。

7.1.4 空调暖风系统

采用的是电动压缩机加 PTC 加热方式：压缩机起动+PTC 不起动=冷风；压缩机不起动+PTC 不起动=自然风；压缩机不起动+PTC 不起动=自然风；压缩机不起动+PTC 不起动=自然风；压缩机不起动+PTC 起动=暖风。

1. 故障与维护

部件绝缘电阻阻值；制冷能力（主观测评）；制热能力（主观测评）；工作异常（如压缩机异响，鼓风机异响、控制器功能失效等）；进气过滤网定期更新。

2. 维修操作注意事项

压缩机绝缘电阻值为 20 MΩ；高压部件安全操作；拆解后及时密封各管路开口，防止水或湿空气进入系统；冷冻油（压缩机润滑油）为 POE68，与传统车（PAG 冷冻油）不同，勿混用；连接安装各管路接口时注意管口清洁，O 形圈涂抹冷冻油；制冷剂加注量符合要求；制冷剂喷出时注意个人防护，避免接触、吸入及误入眼睛。

7.1.5 电动助力转向系统

EV200 采用的电动助力转向系统是由扭矩传感器、电子控制单元、ECU 和助力电动机共同组成的。电子控制单元根据各传感器输出的信号计算所需的转向助力，并通过功率放大模块控制助力电动机的转动，电动机的输出经过减速机构减速增扭后，驱动齿轮齿条机构产生相应的转向助力。

电动机总成：安装在转向器上的电动机总成，由一个蜗杆、一个蜗轮和一个直流电动机组成。当蜗杆与安装在转向器输出轴上的蜗轮啮合时，它降低电动机转速并把电动机输出力矩传递到输出轴。

扭矩传感器：由两个带孔圆环、线圈、线圈盒及电路板组成。其获得方向盘上操作力大小和方向等信号，并把它们转换为电信号，传递到 EPS 控制盒。

7.1.6 电动真空助力制动系统

1. 工作原理

电动真空助力系统的工作过程为：当驾驶员发动汽车时，12 V 电源接通，电子控制系统模块开始自检，如果真空罐内的真空度小于设定值，真空压力传感器输出相应电压值至控制器，此时控制器控制电动真空泵开始工作；当真空度达到设定值后，真空压力传感器输出相应电压值至控制器，此时控制器控制真空泵停止工作；当真空罐内的真空度因制动消耗，真空度小于设定值时，电动真空泵再次开始工作，如此循环。

2. 制动能量回收的原则

制动能量回收不应该干预 ABS 的工作。当 ABS 进行制动力调节时，制动能量回收不应该工作；当 ABS 报警时，制动能量回收不应该工作；当电驱动系统具有故障时，制动能量回收不应该工作。制动能量回收可以分为两个阶段，简单的划分条件如下：阶段一是在车辆行驶过程中驾驶员从松开加速踏板但没有踩下制动踏板开始；阶段二是从驾驶员踩下了制动踏板后开始。

7.1.7 旋钮式电子换挡机构

旋钮式电子换挡的开发，建议以长安奔奔方案为基础，进行面板与旋钮造型的重新设计与开发。目前该方案已经在 C33DB 样车上进行应用。挡位设置：R—倒车挡；N—空挡；D—前进挡；E—用于能量回收。

7.1.8 动力电池组

采用 C33DB-SK 动力电池，动力电池模组放置在一个密封并且屏蔽的动力电池箱里，动力电池系统使用可靠的高压接插件与高压控制盒相连，然后输出的直流电由电机控制器转变为三相交流高压电，驱动电机工作；系统内的 BMS 实时采集各电芯的电压、各温度传感器的温度值、电池系统的总电压值和总电流值等数据，时时监控动力电池的工作状态，并通过 CAN 线与 VCU 或充电机之间进行通信，对动力电池系统的充、放电等进行综合管理。

7.2 比亚迪 E6 纯电动车

图 7-1 所示为比亚迪 E6 车型。

图 7–1 比亚迪 E6

7.2.1 车型简介

E6 是比亚迪整合电池产业和汽车产业两大板块资源，自主研发的以磷酸铁锰锂电池为动力源的纯电动汽车，设计成熟、性能优良，是比亚迪着力打造的特色产品。200A·h 的超大电池容量使 E6 成为目前世界上续驶里程最长的纯电动轿车。其车身为前后贯通式纵梁的承载式车身，使得动力电池包与车身有机地融为一体，充分保证了电池和整车的安全。总之，E6 是一款当之无愧的新能源、新动力、新概念的纯电动轿车。

E6 车型的技术参数见表 7–1。

表 7–1 E6 技术参数表

内　　容		E6 技术参数
尺寸及质量		
长	mm	1 506
宽	mm	1 822
高	mm	1 630/1 723（天线）
轴距	mm	2 830
轮距前/后	mm	1 556/1 558
最小离地间隙	mm	150
装备质量	mm	2 295/2 455
动力总成		
电机功率/扭矩（前）	kW/（N·m）	75/450、160/450
电机功率/扭矩（后）	kW/（N·m）	40/100
电池能量	kW·h	57
性能		
定员	人	5
0 至 100 公里加速时间	s	≥8.0
最高车速	km/h	＞160
续航里程		
等速工况下（50 km/h）	km	400
城市工况下	km	300

7.2.2 E6 技术特点

（1）环保、无污染，噪声低。

E6 的动力电池采用比亚迪自主研发和生产的铁电池，其含有的所有化学物质均可以无害的方式被分解吸收，能够很好地解决二次回收等环保问题，不会对环境造成任何危害，是绿色环保的电池。

（2）节能、经济、实惠，百公里能耗在 21 度电以内。

（3）铁电池经过高温、高压、撞击等试验测试，安全性能极佳。

（4）动力强劲，百公里加速时间为 10 s，最高车速可达 160 km/h 以上。

（5）使用方便，慢充只需 220 V 民用电源；快速充电，10 min 左右可充满电池 50%。

（6）续驶里程超过 300 km。

7.2.3 E6 控制系统

电动车的控制模块可分为电机控制器、DC-DC、动力配电箱、电池管理单元。电动车的动力模块有电动力总成和电池包体总成。电动车高压辅助模块包括车载慢充、漏电保护器、挡位控制器、主控 ECU、加速踏板、车载充电口和应急开关。

1. 电动车的几大控制模块

1）电机控制器

负责控制电机的前进、倒退及维持电动车的正常运转，关键零部件为 IGBT。IGBT 实际为大电容，目的是控制电流的工作，保证其能够按照我们的意愿输出合适的电流。控制器的形状及安装位置如图 7-2 所示。

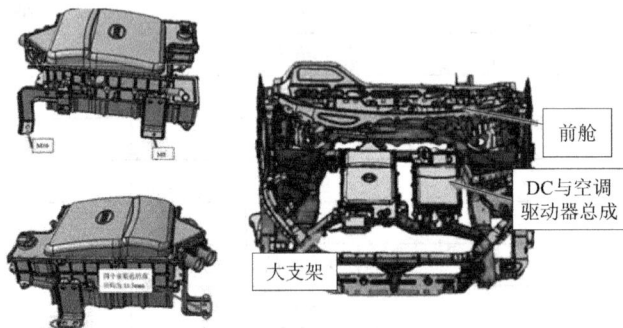

图 7-2 控制器的形状及安装位置

2）电池管理单元

电池管理单元作为监控电池包，以保证电池包体正常工作的监控单元而存在，主要目的是保证每节串联电池的电压、电流等各项性能指标一致，如图 7-3 所示。由于电池的原理有些像木桶效应，某一节短板的话，所有电池性能都将按照这一节性能计算，这将对电池可靠性提出极高的要求，为防止过充、过放、过温等一系列影响单节电池性能的问题出现，需通过电池管理单元进行监控，时时保证电池工作在正常的工作状态下。

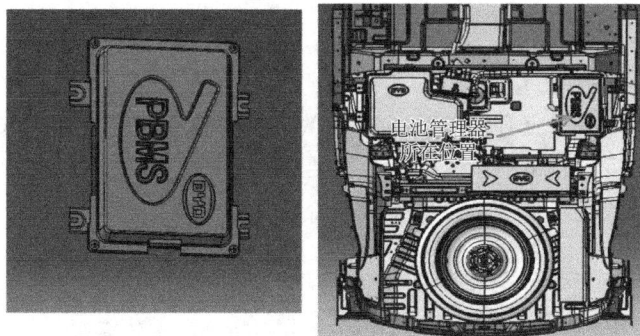

电池管理器
所在位置

图 7-3　电池管理单元

2. 电动车的几大运行模块

1）动力电动机

动力电动机根据冷却形式分为风冷和水冷，根据结构分为直流有刷电动机和直流无刷电动机以及交流电动机。我国现在使用的电动机为交流无刷电动机，通过采集电动机旋变信号进行工作。动力电机的形状如图 7-4 所示。

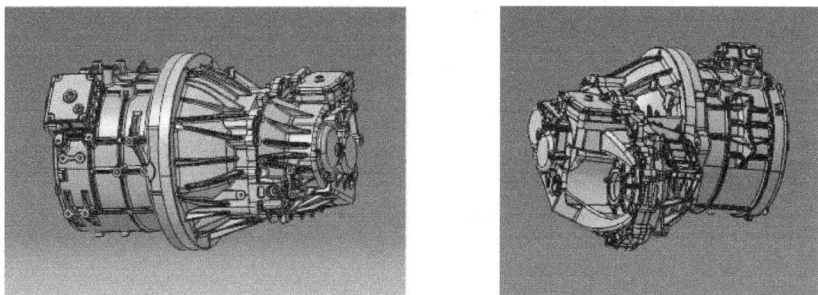

图 7-4　动力电动机形状

2）动力总成（电池包，见图 7-5）

动力总成是提供整车动力能源的设备。根据电池种类的不同可分为锂电池、镍氢电池和铅酸类电池。我国采用的是磷酸铁钴锂电池。

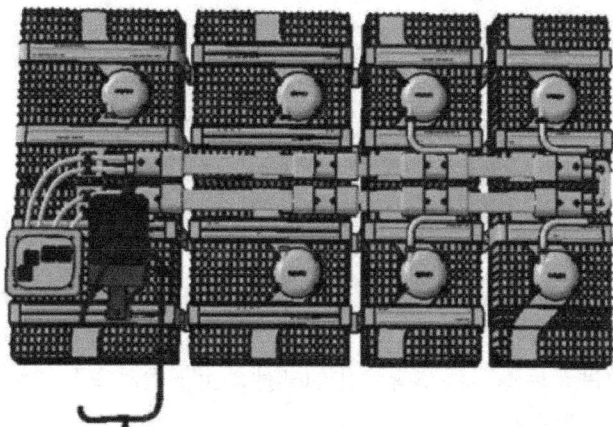

图 7-5　动力总成

3. 其他高压辅助设备

1）车载慢充（见图 7-6）

车载慢充系统需要提升低压转高压的转化效率。需要注意的是使用家用插座为电动车充电时，也需要考虑插座及线路的承受能力，需要额定电流 10 A 的单项 220 V 插座，如果采用劣质插座，则可能导致充电插座烧毁、线路烧熔等安全隐患。

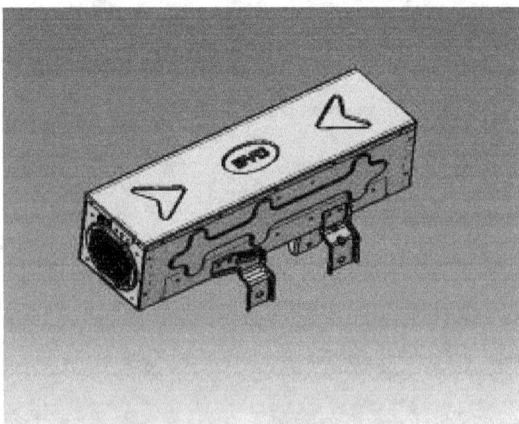

图 7-6　车载慢充

2）漏电保护器（见图 7-7）

通过将一端与负极相连，一端与车身连接，检测电流和电压值，一旦发现有超出限制的电流和电压，则发出报警，并切断控制模块，保证用电安全。动力蓄电池系统泄漏电流量不应超过 2 mA（E6 车型）。

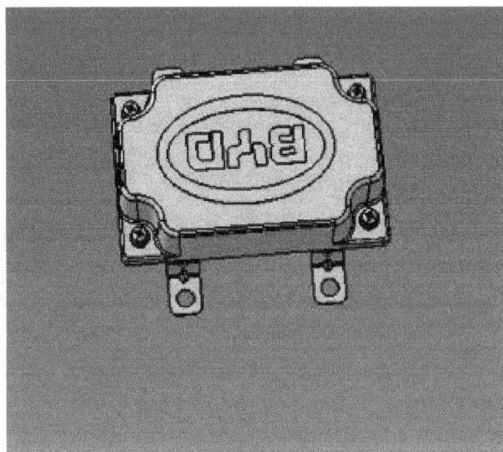

图 7-7　漏电保护器

3）挡位控制器（见图 7-8）

用来控制电动车前进、后退、停车等动作的部件，由于电动车与传统燃油车的控制方式不同，故挡位控制类似于自动挡。

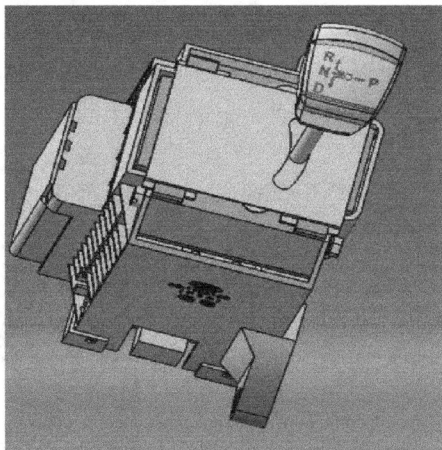

图 7-8　挡位控制器

4）主控 ECU（见图 7-9）

接收各高压监控系统发出的信号，并加以判断；控制冷却系统、制动系统和车速、里程等。

图 7-9　主控 ECU

5）加速踏板（见图 7-10）

通过控制电流大小，从而控制电机转速。

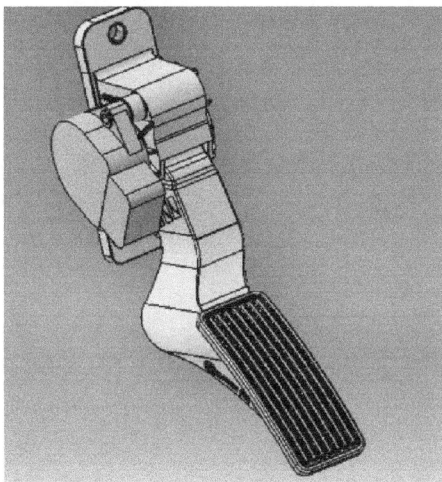

图 7-10　加速踏板

6）车载充电口（见图 7-11）

车载充电可分为快充和慢充两种，为了保证充电迅速高效，通常使用特定的充电口进行充电，充电时需要保证整车防水密封性要求，并且保证车载充电口能够承受瞬时大电流充电。

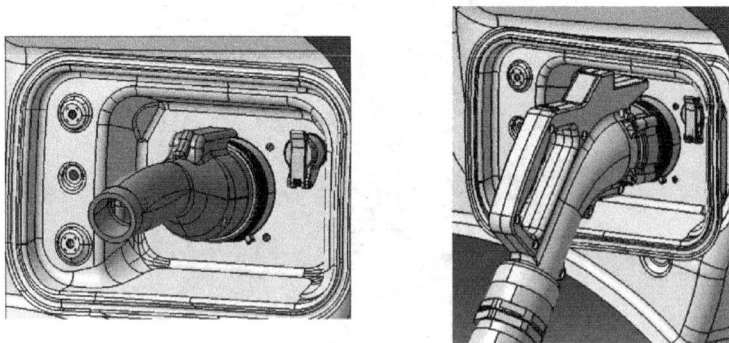

图 7-11　车载充电口

7）应急开关（见图 7-12）

通常设计为人工操作的安全开关，一般设计在电池的正、负极近端，以保证通过人工操作应急开关能够在紧急情况下将电池电压封闭。

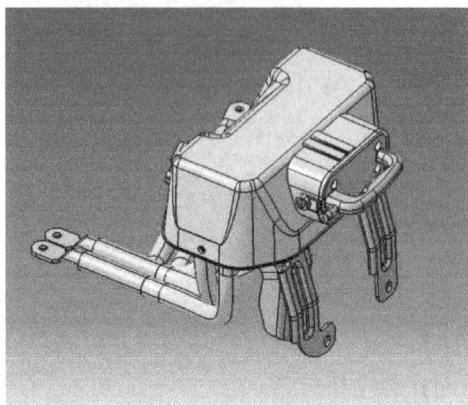

图 7-12　应急开关

习题

1. 简述北汽新能源 EV200 电机及控制器的组成及原理。
2. 简述比亚迪 E6 的技术特点。

参 考 文 献

［1］胡骅，宋慧.电动汽车［M］.北京：人民交通出版社，2012.

［2］王贵明，王金懿.电动汽车及其性能优化［M］.北京：机械工业出版社，2010.

［3］谭晓军.电动汽车动力电池管理系统设计［M］.广州：中山大学出版社，2014.

［4］王文伟，毕荣华.电动汽车技术基础［M］.北京：机械工业出版社，2011.

［5］李涵武.电动汽车技术［M］.北京：化学工业出版社，2014.

［6］吴兴敏，张博，王彦光.电动汽车构造、原理与检修［M］.北京：北京理工大学出版社，2015.

［7］王震坡，孙逢春.电动车辆动力电池系统及应用技术［M］.北京：机械工业出版社，2012.

［8］何洪文等.电动汽车原理与构造［M］.北京：机械工业出版社，2015.

［9］陈全世.先进电动汽车技术［M］.北京：化学工业出版社，2013.

［10］张金柱.新能源汽车技术［M］.北京：机械工业出版社，2015.

［11］付铁军.新能源汽车［M］.北京：机械工业出版社，2014.

［12］王志福，张承宁.电动汽车电驱动理论与设计［M］.北京：机械工业出版社，2012.

［13］章桐，贾永轩.电动汽车技术革命［M］.北京：机械工业出版社，2011.

［14］朱军.新能源汽车动力系统控制原理及应用［M］.上海：上海科学技术出版社，2013.

［15］徐艳民.电动汽车动力电池及电源管理［M］.北京：机械工业出版社，2015.

［16］蔡兴旺.新能源汽车结构与维修［M］.北京：机械工业出版社，2014.

［17］张舟云，贡俊.新能源汽车电机技术与应用［M］.上海：上海科学技术出版社，2013.

［18］陈黎明.电动汽车结构原理与故障诊断［M］.北京：机械工业出版社，2015.

［19］纪云鹏.纯电动汽车冷却系统方案研究［J］.电子世界，2014，6:85-86.

［20］北京汇智慧众汽车技术研究院微信号分享.新能源汽车整车控制器系统结构和功能介绍［DB/OL］.2016-02-27.

［21］北京汇智慧众汽车技术研究院.北汽新能源汽车职业院校专业课教师技术培训资料［Z］，2015.

［22］比亚迪 E6 纯电动车介绍［DB/OL］.

［23］lqbal Husain.纯电动及混合动力汽车设计基础（第 2 版）［M］.林程，译.北京：机械工业出版社，2012.